青春文庫

失われた世界史

封印された53の謎

歴史の謎研究会[編]

JN196612

青春出版社

はじめに

世界史はミステリーの宝庫だ。古代文明からして謎だらけで、資料が豊富なはずの現代史でさえ未解明の部分が少なくない。古代と現代を結ぶ時代にしても同じことが言える。だが、科学技術の進歩や新たな発見などにより、解明への糸口がつかめたものもある。本書は解明への糸口さえつかめないものから、つかめたものまで含めたミステリアスな出来事と研究の現状について紹介する一冊で、言うなれば「失われた世界史」を謎のままにしておくのではなく、どこが謎なのか、なぜ謎なのか、どこまで解明されたのか、残された謎は何かといったことなどを、明確に示そうという試みである。

本書を読んでもらえればわかるように、一つの謎が解ければ、また新たな謎が生まれる。それが歴史の面白さであり、奥深さでもある。

世界史上には謎の解明を待つ遺跡や事件が山ほどある。それらはわれわれの祖先たちが歩んできた道そのものでもあり、科学技術と推理を巡らす知恵を授かった現代人にはそれらの謎に挑む資格と能力が十分に備わっている。本書を通じて一人でも多くのチャレンジャーが現われることを期待したい。

二〇一八年　五月

歴史の謎研究会

失われた世界史　封印された53の謎◉目次

第1章　誰もが知る「あの定説」を変えた新発見……11

第2章　伝説をくつがえす「大人物」の素顔……63

カバーイラスト■シゲリカツヒコ
本文写真提供■国立国会図書館
bashta
HEPALMER
sedmak / iStock
Mr Nai
Nejdet Duzen
WitR
Ke Wang
Matyas Rehak
Everett Historical
Everett - Art / Shutterstock.com
c6210
POPO / PIXTA
photolibrary
島崎晋
本文デザイン・DTP■センターメディア
協力■フレッシュ・アップ・スタジオ
島崎晋

第1章 誰もが知る「あの定説」を変えた新発見

ジャンヌ・ダルクの謎

新発見⁉ 乙女の〝銀の指輪〟がたどった流転の運命

フランスがイングランドとの百年戦争で苦境に立たされていたとき、陥落間近と思われたオルレアンを敵の包囲から救い出しただけでなく、王太子シャルルを正式な戴冠へと導いたジャンヌ・ダルク。彼女の所持品であった〝銀の指輪〟は行方不明になっていたが、イギリスの医師の家で発見された。指輪は六〇〇年もの間どんな運命をたどっていたのか。

異端として焼き殺された聖処女

「ジャンヌ・ダルクの指輪か、仏西部テーマパークで公開」

二〇一六年三月、フランス発のニュースによれば、同月二〇日、同国西部のバンテ県にあるピュイ・デュ・フーの歴史テーマパークで、ジャンヌ・ダルクのものと見られる指輪が公開された。知らない読者もいるかもしれないから、まずはジャンヌ・ダルクがどういう人物であったのか、ざっとおさらいをしておこう。

ジャンヌ・ダルクが生まれたのはパリから東へ二八〇キロばかりの距離にある小さな集落で、現在はドンレミー・ラ・ピュセル（乙女のドンレミー）と呼ばれている。生年は一四一二年一月とも言われるが、正確なところはわからない。

ときにフランスは英仏百年戦争の戦場と化し、有力諸侯のブルゴーニュ公がイングランド軍側に立ったこともあって、フランス側は危機的状況に陥っていた。ロレーヌ河中流の要衝オルレアンを落とされれば、もはや防衛の要となるところは皆無となる。絶対に負けられない攻防戦だが、救援に赴こうと名乗り出る者はなく、王太子シャルルは焦燥の色を濃くしていた。

フランス全土がイングランド軍とブルゴーニュ公の分割統治下に置かれかねない状況下、神からお告げを受けたとして、オルレアン救援軍の指揮官として名乗り挙げたのが、まだ二十歳にも満たない先の少女ジャンヌ・ダルクだった。

ジャンヌ・ダルクがイングランド軍を撃破し、オルレアンを解放したことをきっかけに戦争全体の流れが変わり、王太子シャルルは晴れてパリの北東約一三〇キロに位置するランスの大聖堂で戴冠式を挙行。シャルル7世となるのだった。

ジャンヌ・ダルクはその後も戦いを続けるが、どういうわけか神の声が聞こえなくなってしまった。そして戦果も乏しい状況で訪れた一四三〇年五月、彼女はコンピエーニュの戦いで敗れ、ブルゴーニュ軍によって捕らえられる。

その後、イングランド軍に売り渡された彼女はカトリックの宗教裁判にかけられ、異端と宣告される。異端宣告をされた者の処罰は火刑と決まっており、ジャンヌ・ダルクは生きたまま焼き殺され、遺灰は川に遺棄されたのだった。

百年戦争終結後の一四五六年、ジャンヌ・ダルクを裁いた異端審問は不当なものであったとして、異端の取り消しが認定された。一九二〇年には晴れて聖人の列にも加えられるが、それ以前、革命後のフランスでは彼女を救国の英雄とする考えがにわかに強まっていた。フランスの英雄といえばナポレオンとジャンヌ・ダルクを双璧とする見方が今日まで続いているのだった。

指輪の製造時代とつくりは合致

聖人の身につけていたものは聖遺物と呼ばれ、治癒などの奇跡を表わすと信じら

パリのピラミッド通り南端に建つジャンヌ・ダルクの騎馬像

れている。触れなくとも、ガラス越しに見るだけでも恩恵に与れるというので、著名な聖人の身につけていたものは高額で売買されてきた。ジャンヌ・ダルクの指輪なるものも、本物であれば、オークションにおいて高値で落札されることが予想された。

鑑定を依頼されたオックスフォード研究所は、金メッキが施されたそれを一五世紀のものと断定した。三つの十字架が彫られ、「イエスーマリア」を意味する省略文字が記されている点も、彼女が両親から贈られたという裁判記録とも一致する。時間とつくりが一致するだけではジャンヌ・ダルクの指輪と特定することはできないが、偽者と断定できるだけの証拠もない。

あとはもう信じるか信じないかという個人の判断を待つだけで、二〇一六年二月、ロンドンで開催されたオークションの結果、ピュイ・デュ・フーの歴史テーマパークが三七万六八三三ユーロ、日本円にすると約四七〇〇万円相当で落札したのだった。

ジャンヌ・ダルクゆかりの地といえば、彼女が処刑されたルーアンもそうだが、同市にあるジャンヌ・ダルク博物館は偽物である可能性があるとしてオークションへの参加を見送っていた。

イングランドの兵士が持ち去ってからずっと英国本土にあったというが、実のところ、ジャンヌ・ダルクの遺品と称される物は骨董市場で数多く出回っており、複製品も少なくないのが実情だった。

今回の指輪も、真贋について疑問視する声が囁かれ続けたが、公開初日の記念式典は約五〇〇〇人もの参観者が詰めかけるという大盛況に終わった。目玉となる展示品ができたことで、今後は同村を訪れる巡礼者や観光客の増加が期待できる。

ジャンヌ・ダルクの聖地巡りといえばルーアンとオルレアンばかりだったところへ、聖遺物を売り物にすればうまく参入できるかもしれない。それがうまくいくのであれば、三七万六八三三ユーロというのは安い買い物と言えるだろう。

ケネディ暗殺の謎

暗殺の黒幕、続々と公開される機密文書はなにを語るか

一九六三年一一月二二日、第三五代アメリカ合衆国大統領ジョン・F・ケネディがテキサス州ダラス市内をパレード中に狙撃され死亡した。調査委員会が収集した機密文書は二〇二九年まで封印されると定められたが、トランプ大統領は公開の前倒しを約束。四回に分けた公開は順次進行中だが、果たしてそれで、事件の全貌が明らかになるのか。

ダラスで起きた白日の暗殺劇

アメリカのバラク・オバマ政権の二期目に駐日大使を務めたキャロライン・ケネディは第三五代アメリカ大統領ジョン・F・ケネディの長女だった。

五〇代以下の読者には耳馴染ないかもしれないが、ジョン・F・ケネディはカト

リックとして初めての、そして四三歳という最年少で当選したアメリカ大統領であった。

内政では黒人差別の解消などを目指すニューフロンティア政策を掲げ、外交ではベルリンの壁構築やキューバ危機など一触即発の危機を経験しながらも、ソ連との間で部分的核実験停止条約の調印にこぎつけるなど、大きなポイントをあげていた。

その政策と実績ゆえに熱狂的な支持者を多く得るかたわら、極右や反共団体からは毛嫌いされ、一九六三年一一月に訪れたテキサス州北東部の商工業都市ダラスでは支持者と反対派の双方が賑やかな宣伝活動を繰り広げるなど、物情騒然たる有様だった。

事件は同月二二日、夫人のジャクリーンおよび州知事のコナリー夫妻とともどもオープンカーに乗り、市内を走行中に起きた。教科書倉庫ビル前を過ぎたあたりで狙撃され、首と頭部に一発ずつ銃弾をくらい、ほぼ即死状態だった。その瞬間映像をご覧になったことのある読者も多いのではないか。

犯人として逮捕されたのは教科書倉庫ビルで従業員として働いていたリー・ハーヴィー・オズワルドという元海兵隊員の男。しかし、オズワルドはダラス市警から拘置所へ移送される途中、市警の地下通路でクラブ経営者のジャック・ルビーによって射殺された。ルビーは、「未亡人のために敵を取ろうと思ってやった」と供述して死刑判決を受けるが、執行を待たずして拘置所内で急死した。オズワルドも本格的な取り調べに入る前に殺されていたため、ケネディ暗殺事件の背後関係について語りうる証言者は誰もいなくなってしまったのだった。

期待されるさらなる情報公開

ケネディ暗殺事件には多くの謎がまとわりついていた。狙撃者はひとりだったのか複数だったのか、本当にオズワルドが犯人なのか、関係者以外に立ち入れない場所にどうしてジャック・ルビーが入れたのか、暗殺者の背後に大きな黒幕がいるのではないかといったことである。

アメリカ政府が立ち上げた調査委員会は事件から九か月後に報告書（ウォーレン報告）をまとめあげるが、そこでは、大統領暗殺はオズワルドの単独犯行で、背後にいかなる組織や国家の陰謀もないと結論づけられていた。

しかし、この調査はあまりにずさんだと国民から批判を浴びせられ、一九七九年、

◆ケネディ暗殺の黒幕

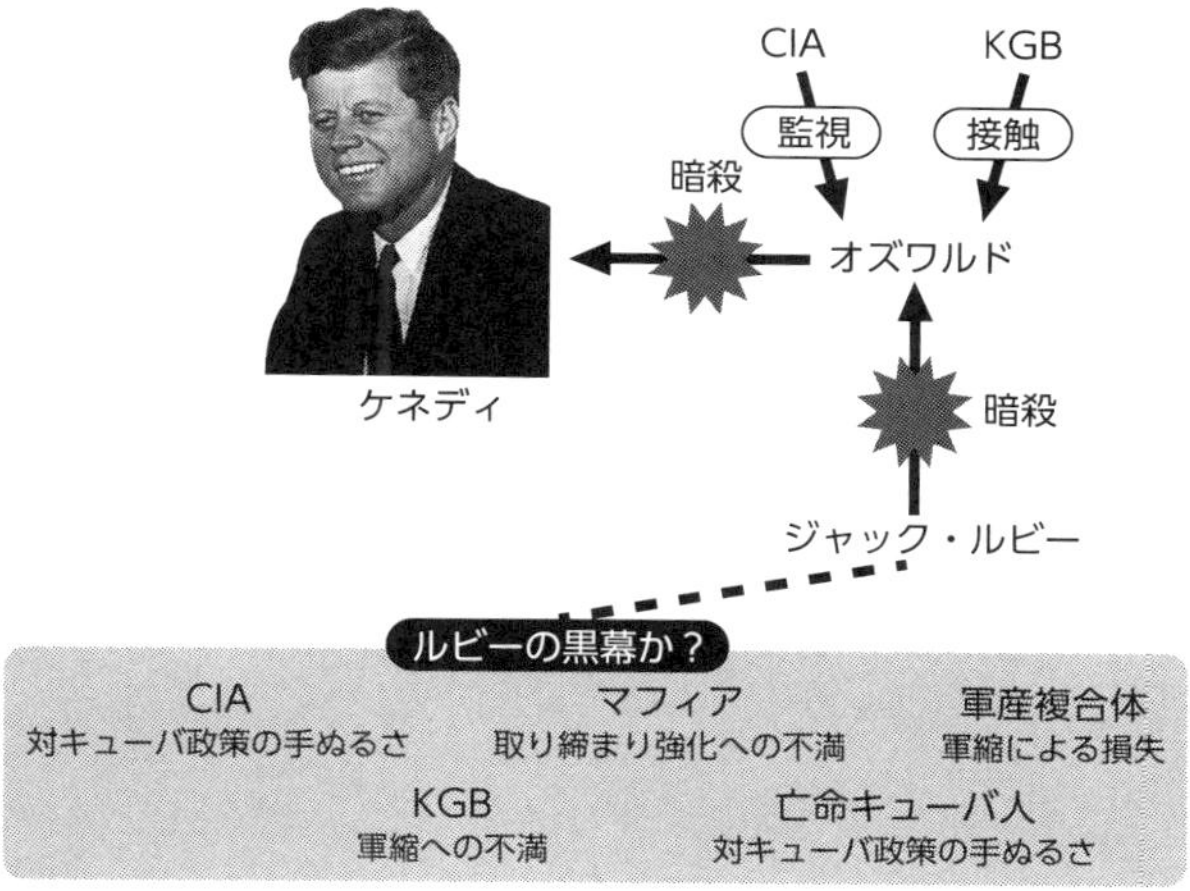

議会下院による再捜査が実施された。そこでは複数犯の可能性も示唆されたが、調査のために集められた資料（ケネディ・ファイル）は五〇年後の二〇二九年まで公開しないと決せられた。

二〇一六年の大統領選挙に勝利したドナルド・トランプはケネディ・ファイルの公開を前倒しすると宣言したが、翌年七月二四日と一〇月二六日、一一月三日の三回に分けて行なわれた機密文書の公開は、多大な失望をもたらしただけだった。

とはいえ、収穫がゼロであった

わけではなく、ケネディ暗殺の二五分前、イギリス南部の地方紙記者に対し、アメリカでの大事件発生を予告するような匿名の電話があったことが明らかにされた。

電話の主はイギリス国内の治安維持を管轄する内務省情報局保安部（MI5）からもたらされた情報として、ケンブリッジ・ニューズのベテラン記者に対し、「ある大ニュースに関し、ロンドンのアメリカ大使館に電話をすべきだ」とだけ話し、電話を切った。記者はケネディ暗殺の第一報を受けた後、警察に電話の件を伝え、それがMI5報告されたというのである。

これが事実だとすれば、ケネディ暗殺がオズワルドの単独犯行との説明はますます怪しくなってくる。

アメリカ国民がもっとも疑っているのも狙撃者が複数いたのではないか、また、オズワルドは口封じのためルビーに殺されたのではないかという点である。

口封じとするからには黒幕がいるわけで、その候補としては、CIA（アメリカ中央情報局）、KGB（ソ連の諜報機関）、マフィア、亡命キューバ人、ジョンソン副大統領、軍産複合体などが挙げられている。

それぞれの動機としては、CIAと亡命キューバ人は対キューバ政策の手ぬるさ、マフィアは取り締まり強化への不満、ＫＧＢは軍縮を余儀なくされたこと、ジョンソン副大統領は汚職を糾弾されたことへの恨み、軍産複合体は軍縮による損失への反発などが挙げられる。

オズワルドにはＫＧＢと接触があり、ＣＩＡの監視対象になっていたことも判明しているが、事件当時にＣＩＡ長官を務めていたジェームズ・ウールジーはＮＨＫのインタビューに応じ、「フルシチョフ（ソ連の最高指導者）は暗殺を実行すると、米ソの核戦争に発展しかねないと考え、計画を直前で中止しました。ＫＧＢは命令に従いましたが、オズワルドだけは実行してしまったのです」とコメントしているが、これが真実であると証明するものが現時点では何もない。次なる資料公開ですべての機密文書の公開がなされることを、アメリカ国民だけでなく、世界の多くの人びとが心待ちにしている。

タイタニック号事件の謎

二〇一七年、世界を揺るがした沈没の新説とは

一九一二年、ヨーロッパからアメリカへ多くの旅客や移民を乗せた新造の大型客船タイタニック号が、ニューファンドランド沖で氷山と接触し、三時間後に沈没した。氷山と衝突したくらいで、致命的な穴が開くものなのか。沈没の謎を追い求めること三〇余年、ある研究者が「沈没の原因と思われる」大きな手掛かりを手に入れた。

大型客船を見舞った大惨事

海難事故で多くの犠牲者が出るようになったのは近代以降の話である。遭難をしたのが漁船や輸送船である限り、要人か同乗していた場合を除いて、事件として人びとの記憶に残ることもなかった。しかし、大型客船が登場した近代以降、海難事

故が起きるたびに数百人、ときには一〇〇〇人以上の死者が出たことから、事件として大きく取り扱われるようになるのだった。

一九九七年のジェイムズ・キャメロン監督作品『タイタニック』は世界史上もっとも有名な海難事故を題材とした作品で、事件が起きたのは、一九一二年四月一四日深夜のことだった。

タイタニック号はイギリス本土とアメリカのニューヨークを結ぶ大型客船で、それが処女航海だった。イギリスのホワイトスター社がキュナード汽船会社のモーレタニア号に大きさで負けまいとして造らせたもので、長さ二六九メートル、全一〇階、幅二八メートル、総トン数四万六三二九トンと、当時としては最大規模の客船だった。

そのタイタニック号が処女航海の途につくため英仏海峡に面するサウスハンプトン港を出航したのは四月一〇日のこと。フランスのシェルブール港、アイルランドのコーク港（クイーンズタウン）を経由した同船は二二二四人の乗員・乗客を乗せて一路ニューヨークへと向かった。

事故が起きたのは同月一四日深夜のこと。ニューファンドランド沖を航海中に氷山を除け損ね、船体に大きな穴が生じた。そこからの浸水を止めることができず、約三時間後船は沈み、乗員・乗客のうち一五一三人が命を落としたのである。大型客船の海難事故はこれが最初ではなく、一九〇四年にはアメリカのゼネラル・スローカム号で火災が起こり、一〇三〇人が死亡。一九一四年にはカナダのエンプレス・オブ・アイルランド号がセント・ローレンス河口で石炭船と衝突して一〇一二人の死者を出すなど、短い間に立て続けに起きていた。

●出航前から傷んでいたタイタニック号の右舷

タイタニック号沈没が世に及ぼした衝撃は大きく、この事故を契機として一九一三年にはロンドンで第一回国際海上人命安全会議が開催され、一九二九年にはSOLAS条約（海上における人命の安全のための国際条約）、一九三〇年には国際満《こくさいまん》載喫水線条約《さいきっすいせんじょうやく》が締結され、国際的な法規が定められた。

具体的には、北大西洋における流氷の監視と通報、船舶の構造強化、復原性・水密区画・開口部に対する規制、救命および消火設備の充実、無線電信施設の充実、救難通信（SOS）の二四時間聴取の義務づけなどからなり、この条約はその後も改正されつつ現在に至っている。

逆に言えば、タイタニック号の場合、氷山の監視や破損個所の修復、乗客の避難誘導などに問題があり。それが被害を大きくしたことは間違いなかった。

そもそもタイタニック号は出航前からトラブルに見舞われていた。出航直前に全国炭鉱ストライキがあった関係上、上客のキャンセルが続き、満員とはほど遠い状態での出航となった。

しかも救命ボートは二〇隻しかなく、一一〇〇余人しか乗せることができない。タイタニック号では緊急避難に際しては女性と子供を優先的に救命ボートに誘導すると定められていたから、全室の女性と子供あわせて五一一人はみな助かるはずだった。

けれども、避難訓練が一度も実施されていなかったこと、および階級間の差別が働いたことから、女性と子供の死亡率が一頭客室の三・三パーセントに対して、二等客室では一一パーセント、三等客室では五八パーセントと、イギリス社会の縮図とも言える数字がはじき出される結果となってしまった。

出航直前のタイタニック号に関しては、二〇一七年一月三日の「インディペンデント紙」(電子版)に新説が掲載され、話題となった。

新説の提唱者は三〇年以上にもわたり沈没の謎を追ってきたセナン・モロニーという人物で、彼は沈没の原因について、「氷山との衝突ではなく、火災だった」と結論づけた。その根拠について、彼は出航直前の船体の写真を提示した。

出航を目前に控えたタイタニック号のボイラー室で火災が起こったことは知られていたが、右の写真を見ると、右舷が約九メートルにもわたり黒焦げになっている。右舷を陸側に向けて停泊させるのが通常であるのに、タイタニック号が逆向きに停泊していたのは、この損傷を隠すためだった。脆くなったその部分が氷山と衝突したために浸水を止めることができず、沈没が避けられなくなったというのがモロニーの仮説であった。

アンネ・フランクの謎

元FBIの再調査でわかった「容疑者30人」

いつの世も報酬目当てか、わが身可愛さで人を裏切る者が現われる。アンネ一家の場合も、誰か裏切り者がいたのだろうか。関係者の大半が鬼籍に入った現在、二〇一七年、元ＦＢＩの捜査官が真相究明のためのチームを立ち上げた。最新のテクノロジーを駆使することで、真相を解明することはできるのか。

著名な犠牲者は、一五歳の少女

ドイツのナチ政権によるホロコーストは、二十世紀最大の悲劇であり、惨劇でもあった。ユダヤ人だけでも六〇〇万人もの命が失われたなか、もっとも知名度の高い犠牲者は、わずか一五歳で亡くなった『アンネの日記』で知られる、少女アンネ・

フランクに違いない。

アンネ・フランクの両親は、ともにユダヤ人の資産家だったが、ユダヤ教の信仰には熱心ではなく、どちらかといえば無宗教に近かった。そのため彼女ら一家をユダヤ人ではなく、ユダヤ系ドイツ人とする文献も多い。本来、ユダヤ系○○人といえば、キリスト教に改宗したユダヤ人とその子孫を指す言葉だった。

キリスト教に改宗した者も、無宗教に近い者も、出生地や居住地に帰属意識を持つのが普通で、それぞれの現地社会にすっかり溶け込んでいた。

だが、少数ながら、あくまで出自を問う差別主義者はいるもので、ヨーロッパ全土で近代ナショナリズムの嵐が吹き荒れ、反ユダヤ主義を前面に押し出した極右勢力が台頭するとともに、信仰に熱心なユダヤ人だけでなく、無宗教に近いユダヤ人やユダヤ系の人までもが、差別や迫害の危機に曝されるようになった。

当初、ドイツのナチ政権は、ユダヤ人を殺すのではなく、国外へ追い出すことに力を入れた。

だが、第二次世界大戦の勃発とともに、情勢は急変する。ナチ政権はユダヤ人の追い出しから抹殺へと、大きく方針を転換させたのである。

アンネ・フランク・ハウス近くにあるアンネ・フランク像

それも当初は一人ひとりを銃殺していたのを、毒ガスなどを使用して、まとめて殺すというやり方であった。

この転換は効率を重視したからではない。ドイツ軍の中には、明らかに非戦闘員である人たちを射殺する自責の念から、精神に異常をきたし、兵士として役に立たなくなった者が続出したからであった。

●迫りくるナチ政権の魔の手

少女アンネは、南ドイツのフランクフルト・アム・マインで生まれ育った。一家は早めに危険を察知して、ナチ党による一党独裁体制が築かれた一九三三年に、オランダのアムステルダムに移住していた。

当時のヨーロッパのなかでオランダは、一四九二年にスペインでユダヤ人追放令が出されて以来、多くのユダヤ人を受け入れてきた歴史があった。ユダヤ人に対して、差別や偏見が比較的少ない土地と目されたからである。

しかし、第二次世界大戦が勃発してからは、厳正中立を宣言したオランダも、アンネ一家には絶対安全とはいえなくなり、父の仕事の伝手を頼り、プリンセンプラハト二六三番地にあるビル内の隠し部屋に潜伏することになった。

一九四二年五月、オランダは厳正中立の声明も空しく、ドイツ軍の侵攻によって、開戦からわずか六日にして降伏した。アムステルダムをはじめ、オランダの主だった都市には、ドイツ軍が進駐してきてユダヤ人狩りを本格化させたのである。

アンネ一家とその協力者たちは、慎重にも慎重を期していたはずだが、一九四四年八月には、とうとうナチ党のＳＤ（親衛隊情報部）に潜伏場所を突き止められてしまったのだ。

一家はばらばらに収容所へと送られ、アンネは翌年の三月に病死した。戦後、生き残った父オットーが、アンネの残した日記を書籍として刊行したものが、世界的ベストセラーとなる『アンネの日記』だった。

裏切り者がいたのか、偶然の発見だったのか

一九四五年五月八日、ドイツは連合国に無条件降伏をした。オランダはそれより早く解放されていたから、アンネの命の火があと二カ月間、消えずにいたなら、助かっていた可能性があり、何とも無情な話である。

それにしても、どうしてアンネ一家の潜伏場所が突き止められてしまったのだろうか。

二〇一七年十月、長年謎のまま放置されてきたこの問題に、ケリをつけようと名乗り出る者が現われた。ＦＢＩ（アメリカ連邦捜査局）の元捜査員で、コロンビアの麻薬組織壊滅に奔走した実績のあるビンセント・パンコークがそれである。

生き証人は、あらかたいないから、改めて事情聴取を行うことはできない。だが、現代科学はそれを補って余りあるほど進化しており、専用ソフトウェアを使ってナチ協力者のリストや情報提供者、歴史上の文書、警察記録、新たな手がかりとなり得る過去の研究結果などを解析する捜査員に加え、プロファイルの専門家、歴史家、犯罪学者などからなるチームを結成し、すでに捜査を開始している。

謎の解明への努力は、大戦終結まもなくから始まってはいた。アンネの父オットーの要請を受けたオランダ警察により行われていたのだが、情報源を特定するには至らなかった。オットー自身は建物一階の倉庫作業員ヴィレム・ファン・マーレンが怪しいと見ていたようだが、この線でも決定的証拠を得るに至らなかった。

これまでの解析の結果、容疑者は三〇人に絞られ、その中には右のマーレンのほか、同じく倉庫係のランメルト・ハルトホ、掃除係のレナ・ルトホなどが含まれているという。

パンコークは改めて罪を償わせる気はないとしながら、一家が拘束されてから七五年目にあたる二〇一九年八月四日までに成果を発表したいとしている。

ちなみに、一家の潜伏場所は現在、「アンネ・フランク・ハウス」として、一般公開されている。だが、同ハウスからは、二〇一六年に、隠し部屋は情報提供に基づいて捜索されたのではなく、偶然発見された可能性があるという調査結果も公表されている。

情報提供者が誰にせよ、ＳＤは潜伏者の数を過少に見積もっていた。それは急遽、追加の護送車を手配した事実からうかがうことができる。

レオナルド・ダ・ヴィンチの謎

《美しき姫君》は私が描いたと言う男を、否定できない理由

羊皮紙にパステル、ペンとインク、淡水彩で描かれた《美しき姫君》は、クリスティーズのオークションにおいて一万九〇〇〇ドルで落札されたが、ダ・ヴィンチの真筆なら一万九〇〇〇〇ドル以上と憶測される。悪名高き贋作制作者が自分の作品であると名乗り出たが、本当のところはどうなのか。

超寡作の天才画家

二〇一八年が没後五〇〇年にあたるレオナルド・ダ・ヴィンチは誰もが認める世界史上屈指の名画家。だが、完成作品の中で彼の作と断定されているものは一三点にすぎない。ルネサンスの三傑としてくくられるミケランジェロやラファエロに比

べて、あまりにも少ない数字である。その最大の要因は完璧を求めてやまない彼の性格にあった。

完璧を求めるダ・ヴィンチは、人物を描くにはその内部構造まで知らなければならないとして解剖学を、建物を描くにはその建材や建築方法まで知らなければならないとして建築学や機械工学を、風景を描くには自然の摂理を知らなければならないとして動物学や植物学、光学、水力学を極めるというように、探求の対象を拡大させ続け、留まるところを知らなかった。

それだけこだわりのある人物だから、妥協という言葉を知らない。答えが見出せない、納得がいかない、気に入らない点が一つでもあれば完成させることなく、平気で仕事を投げ出した。そのため超寡作の画家となるのだが、彼の実力は多くの人が認めるところであったために、どんなに途中放棄を連続させようと、どうしてもダ・ヴィンチに描いてもらいたいというパトロンは常に存在していた。

ダ・ヴィンチの遍歴をざっと紹介すると、生まれた場所はフィレンツェから西へ三二キロほどのヴィンチ村。一七歳から二九歳まではフィレンツェ、三〇歳から四七歳まではミラノ、四八歳から五四歳までは再びフィレンツェ、五五歳から六〇歳までは再びミラノ、六一歳から六四歳まではローマで暮らし、六五歳から亡くなる六七歳まではフランスのアンチボワーズで過ごした。

完成作品の所蔵先はフランスが五点、イタリアが三点、バチカン・ドイツ・ロシア・アメリカ・ポーランドが各一点となる。個別にみるなら、パリのルーヴル美術館が五点ともっとも多く、三点を有するフィレンツェのウフィツィ美術館がこれに次いでいる。

ダ・ヴィンチの作品であれば習作や未完の作品でも評価が高く、美術館では客を呼ぶ目玉となり、美術品市場でも高値で取引される。未発見の真作などが表われようなら、一大センセーショナルを引き起こすのは必定だった。

名乗り出た贋作の常習者

そんななか、まさかの出来事が近年に起きてしまった。とある美術収集家が画廊で見つけたルネサンス風の肖像画を買い求めた。一九世紀の作品という触れ込みだったが、見れば見るほど気持ちが昂る。「もしや本物のダ・ヴィンチの作品では」と考え始め、ダ・ヴィンチ研究の世界的権威に鑑定を依頼したところ、ペンで描いた陰影はダ・ヴィンチ同様、画家が左利きであることを示している。さらに科学的に肖像画を分析すると、絵が描かれている子牛の皮で作られた紙は一五〜一六世紀のものと、年代もダ・ヴィンチの生きた時代と一致。肖像画のモデルが身にまとうファッションも、ルネサンス期のミラノのものであることが判明するなど、外堀がすっかり埋められたことから、以来この作品《美しき姫君》はダ・ヴィンチの真作として世に知られるようになった。

二〇〇八年には鑑定の専門家集団から「レオナルド・ダ・ヴィンチによる卓越した絵画作品」と結論付けられ、約一億五〇〇〇万ドル、日本円にして約一八五億円の評価額を与えられていた。

ところが、二〇一五年一一月になって、イギリスでもっとも悪名高い絵画の贋作制作者のひとりショーン・グリーンハルが、《美しき姫君》は自分が描いたものと言い出した。一九七八年にスーパーのレジ係、サリーという名の少女をモデルにしたと言うのである。

最近の研究では、作品に使われているチョークの顔料が少なくとも二五〇年前のものであることが示唆されていたが、これに対しグリーンハルは、鉄分豊富な粘土質の土を採取し、妥当な年代の有機素材を用いて、独自の顔料を作ったと主張している。

グリーンハルの主張が本当であれば、鑑定家集団は重大なミスを犯したことになるが、真相はどうなのか。素材以外の点で決め手になるような特徴はないのか。

実はダ・ヴィンチという人があくなき探求者であったがために、この点を明らかにすることは非常に困難となっている。常に新しい絵画技法に挑戦し続け、同じ方法の繰り返しを好まなかったことから、ダ・ヴィンチ作品と呼ばれるものの真贋判断はただでさえ難しかったからなのである。

《美しき姫君》の真贋論争の決着については、今後の鑑定技術の進捗に期待するしかないというのが実情である。

海賊キャプテン・キッドの宝の謎
沈没船から見つかった「銀の延べ棒」

スコットランド出身の海賊キャプテン・キッドは略奪した財宝をどこに隠したかと話題になることが多い。近年、彼の乗船「アドベンチャー・ギャリー号」と思われる沈没船がマダガスカル沖で発見された。その沈没船から銀の延べ棒も発見されたと報じられたが、それらは果たして本物なのか。

世界の海を股にかけた男

海賊が跋扈《ばっこ》する海といえば、一番に浮かぶのはカリブ海ではなかろうか。その理由は、同地がスペインやフランス、イギリスなどの植民地が複雑に入り乱れながら、大西洋貿易の一大拠点でもあったことに関係する。

イギリス政府は海軍の至らない部分を海賊に託し、敵国の港や商船への襲撃を繰り返させた。つまり海賊たちは、あるときはイギリスに忠実な愛国者、またあるときは最重要のお尋ね者と、一八〇度違う顔を有していたのである。かの有名なキャプテン・キッドもそんな海賊のひとりだった。

キャプテン・キッドの本名はウィリアム・キッド。スコットランドの出身で、一旗揚げようとイギリスの北米植民地に渡ったのがきっかけで海の男となった。

キッドの活躍の場はカリブ海に限られず、ときにはインド洋や太平洋にも及んだが、何日航海してもまったく獲物に出会わないこともたまにはある。インド洋を航海中にそれが続き、船員たちの不満が高じて危険な状態となったとき、キッドはひとりの船員を殺害することでその場を収めたが、この一件により彼はいつ殺人罪で告発されてもおかしくない状況に立たされてしまった。

それに加え、イギリス政府から依頼のないときは無差別の海賊行為を繰り返していたことから、イギリス政府としてもいつまでも野放しにしておくわけにもいかず、西インド諸島に帰帆したときに航海中の殺人および海賊行為の罪状のもと身柄を拘束して、一七〇〇年にはニューヨークからロンドンへ護送。翌年、絞首刑に処したのだった。それまでに貯えた財宝は途方のない量に達していたはずだが、キッドはその隠し場所を白状することなくあの世に去った。

マダガスカル沖で発見された財宝は本物か？

キャプテン・キッドの財宝はいったいどこに隠されているのか。日本の南西諸島が疑われたこともあるが、それらしき物が発見されたとのニュースは、これまでのところ皆無である。

キッドの足跡があまりにも広範囲に及ぶことから、財宝の発見は不可能との空気が定着しかけた二〇一五年五月、アフリカ大陸南西沖のマダガスカル島からビッグニュースが世界中に拡散された。アメリカ人の探検家バリー・クリフォードがマダガスカル沖の沈没船から、キャプテン・キッドのものとされる銀の延べ棒を発見したというのである。

記者会見の席上、クリフォードは発見した一三隻のうち二隻について、一〇週間にわたり調査したところ、一隻がキャプテン・キッドの乗艦アドベンチャー・ギャリー号で、もう一隻はキッドに属するファイヤー・ドラゴン号、発見された銀の延べ棒は重さが五〇キロもあるなど、探検の成果を誇らしげに語った。

この海底調査はクリフォードが単独で行なったものではなく。イギリスの番組制作会社オクトーバー・フィルムズとの共同事業で、同社はより慎重な立場をとり、発見された延べ棒は年代的には合致するが、キャプテン・キッドのものかどうか判断するにはさらなる分析が必要との見解を示した。

一方、国連教育科学文化機関（ユネスコ）は当初から懐疑的な見方に立っていた。それというのも、同じくクリフォードが発見したと称するクリストファー・コロンブスの旗艦サンタ・マリア号を調査したところ、より最近の沈没船であることがわかった。そんなことが前年にあったばかりだったから、クリフォードのやることなすことすべてに疑いの目を向け、彼の記者会見を受けてのコメントでも、海洋考古学のプロがひとりも参加していないことを問題視したのだった。

とはいえ、調査もしないで否定するわけにもいかないから、ユネスコは追跡調査を行なった。その結果同年七月には、銀の延べ棒とされたものには銀がまったく含まれておらず、九五パーセントが鉛でできた船の重しの一部と特定、沈没船とされたものもマダガスカルの東にあるサント・マリー島の湾内に残っていた小さな建築物の古い瓦礫《がれき》にすぎず、該当の海底からは船の残骸など一切確認できなかったとの報告書を公表した。

にわかに盛り上がった海洋ロマンに冷水を浴びせるような報告内容だが、それが科学的検証の結果であれば、素直に受け入れるべきだろう。

そもそもバリー・クリフォードという人物からして胡散臭さの漂う人物である。彼の肩書を海洋考古学者とするメディアもあるが、それは自称にすぎない。よく言えば趣味人、悪く言えば山師と言ったところではないか。

クリフォードとは少し違うが、トロイア遺跡の発見者として名高いシュリーマンも考古学者ではなく、本職は実業家だった。トロイア遺跡の発見に情熱と生涯を捧げ、そのために財を蓄えたことも事実であるが、考古学に関しては素人の域を出ず、トロイアの発掘手順や方法に関しても、せっかくの遺跡を滅茶苦茶にしてくれたと、多くの批判にさらされている。

裏切り者ユダの謎

「裏切り者」ではない証拠が見つかった？

イスカリオテのユダは本当にイエスを裏切ったのか。『新約聖書』を読むだけでも疑念を抑え切れない問題だが、一九七〇年代のエジプトで、「ユダの福音書」なる文書が発見されてからというもの、論争はさらに盛んとなった。『新約聖書』では語られなかったイスカリオテのユダの真の姿と意図がそこには明記されていた。

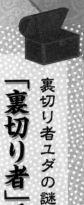

銀貨三〇枚でイエスを裏切った男

キリスト教の世界において、イスカリオテのユダは一二弟子のひとりでありながら、裏切り者として名が通っている。それというのも、銀貨三〇枚を交換条件にユダヤ教の祭司長や律法学者たちの手の者を案内したうえ、誰がイエスかを示すことにより、イエスを官憲の手に渡したからだった。

ユダヤ人社会の上層部にしてみれば、律法学者への批判を繰り返すなど、ユダヤ教の枠組みから大きく逸脱したイエスはなんとも目障りな存在で、どんな手段を駆使してでも抹殺してしまいたかった。ローマ帝国の版図に組み込まれていた関係上、重犯罪を裁き、刑を執行する権限こそ持たないながら、ローマ人の総督に対し、イエスに死刑判決を下して即座に執行しなければ大規模な暴動が起こりかねない、そうなればあなたも責任を問われると脅しをかけることで、強行突破する手段は残されていた。そのためにはイエスの身柄拘束という既成事実が不可欠だったのである。

かくして、一二弟子たちとの最後の晩餐を終え、城外東のオリーブ山の裾野にあるゲッセマネの園で祈りを捧げていたイエスは祭司長らの手の者に捕らえられるのだった。イスカリオテのユダは約束通り、銀貨三〇枚を受け取るが、『新約聖書』の「マタイによる福音書」によれば、ユダはイエスが有罪判決を受けたと知るや後悔の念に駆られた。そこで祭司長や長老たちのもとを訪れ、「私は罪を犯した。罪のない人の血を売ったりして」と言って神殿に銀貨を投げ込むと、外へ出て首をくくったとのことである。

同じく「使徒行伝《しとぎょうでん》」には、ユダは銀貨三〇枚で土地を購入したが、そこで転落死を遂げ、身体が真っ二つに裂けたうえに、腸が全部飛び出してしまったとあり、どちらにせよ、無残な最期を遂げたことに変わりなかった。

ユダこそイエスの最大の理解者だった!?

右に「福音書」という文献が登場したが、これは『新約聖書』の一部をなし、イエスの言行を伝えるものでもある。正典として公認されているものは、「マタイによる福音書」「マルコによる福音書」「ルカによる福音書」「ヨハネによる福音書」の四つで、「福音」という言葉は「よい知らせ」を意味するギリシア語に由来する。

これら福音書によれば、イエスは一二弟子のなかから裏切り者が出ることを予言していた。そのうえで「マタイによる福音書」には、ユダが「先生、まさか私のことではないでしょうね」と尋ねたところ、イエスが「いや、そうだ」と答えたとの話が載せられている。

また「ヨハネによる福音書」には、ユダがパン切れを受け取ったとき、サタンが彼に入り込んだ。それを確認したイエスは彼に言った。「あなたがしようとしていることを、今すぐしなさい」。同席していた者で、イエスが何のためにユダにそう告げたのか知る者は誰もおらず、ユダが金入れを持っていたので、イエスが彼に買い物を命じたのだとか、貧しい人びとに何か施しをするよう命じたと思った者もなかにはいたと記されている。

以上の話からすると、ユダの行動はイエスの予測の範囲内で、その後の展開を承知のうえで、危険を回避するどころか、かえってユダの背中を押したかたちとなる。

この部分をどう解釈するかは、後世の教会史家や聖書学者にとって実に悩ましい問題だった。裏切りの動機については、金銭目的のほか、ユダヤ人の救世主と信じたイエスがそうでなかったことへの幻滅といったことで説明がつくが、なぜイエスはユダの裏切りを黙認したのかとの問いに対しては、イエスの死と復活は神の遠大な計画の一部であり、ユダは与えられた役目を果たしたにすぎないといった、明らかに苦しまぎれの説明がなされるのみだった。

もやもやした空気に包まれたまま歳月が経過し、訪れた一九七〇年代、エジプト中部で衝撃的な発見がなされた。およそ一七〇〇年前に記されたと思われるパピルス写本が発見されたのである。コプト語に訳されたものだが、原典は二世紀半ばにギリシア語で記されたと明記されている。四世紀に『新約聖書』の正典が編纂されたとき、選から漏れた文書のひとつ、「ユダの福音書」そのものに他ならなかった。

正典のなかに取り込まれた四つの福音書がどれも「～による」という題名なのに対し、エジプトで発見された右の文書だけ、「～の」という題名をとる。特別な意味合いを感じさせる違いだが、果たしてその内容も正典内の四福音書とは大きく異なっていた。

最後の晩餐の場面にしても、イエスはユダにこう話しかけている。「お前は真の私を包み込むこの肉体を犠牲とし、すべての弟子たちを超える存在になるだろう」

つまり、イスカリオテのユダは悪者でもなければ、不正直でもなく、イエスを裏切ったわけでもない。むしろユダは、誰よりもイエスのことを理解していた最も親しい友で、イエスの依頼で彼を官憲に引き渡した。神に反逆する現世から逃れ、天にある自分の家へ帰りたく思っていたイエスの手助けをした。ユダこそイエスに最大の奉仕をした人物というのが、「ユダの福音書」が語るところのユダ像であった。

この文書が公表されてからキリスト教各宗派・教会は揺れに揺れ、どの宗派・教会も明確な見解を提示できないまま、今日にいたっている。

伝説の女性飛行士の謎

消息が途絶えたイアハートは、日本にいたのか

太平洋横断中に消息を絶った伝説の女性飛行士イアハートはどうなったのか。当時から日本軍の関与を疑う声はあったが、彼女は捕虜として獄死したのか、それとも事故死を遂げたのか。近年、日本軍の捕虜になった証拠とされる写真も公表されたが、それを証拠とすることには多くの疑問が出されている。

決定的な証拠の発見か!?

「伝説の女性飛行士、日本軍の捕虜に？　公文書館で写真見つかる—米」

二〇一七年七月六日、このような見出しの記事が世界を駆け巡った。

ここにある女性飛行士とは、世界一周飛行中の一九三七年七月二日にパプアニュ

ーギニアのラエを飛び立ったのを最後に消息不明となったアメリカ人女性飛行士のアメリア・イアハートとナビゲーターのフレッド・ヌーナンの二人で、彼女らを乗せた双発機「ロッキード・エレクトラ」は、燃料切れのためハウランドという孤島付近の太平洋上に墜落したとの見方が有力視されつつも、当時から、日本軍に捕らわれたのではと疑う声が存在した。

未解明のまま時が過ぎる中、アメリカの歴史エンターテインメント専門チャンネル「ヒストリー・チャンネル」が「アメリア・イアハート：失われた証拠」と題したドキュメンタリー番組を放送。

証拠として挙げたのはアメリカの首都ワシントンの国立公文書館から見つけ出したという一枚の写真で、ヒストリーによれば、それは日本の委任統治領時代のマーシャル諸島の港で撮影されたもので、不鮮明ながら服装や体形がイアハートとよく似た人物の後姿が映っている。

ヌーナンと顔の特徴が合致する人物やロッキード・エレクトラと大きさが一致する物体が船に曳航される様子も朧気ながら確認できるというので、同社ではイアハートは旧日本軍に捕らえられ、サイパンに移送されたのち、そのまま収容所で死亡したとの推論を導き出したのだった。

マーシャル諸島の住民たちも長年にわたって、イアハートとヌーナンは不時着に成功して生き延び、日本軍の捕虜になったと主張してきた。さらに同番組の放送より二年前にはアメリカの調査隊が、マーシャル諸島のミリ環礁でイアハートの機体の一部を発見したと公表したことから、言い伝えは本当だったとの確信も根づきかけていた。

だが、その写真は世界初公開どころか、もう三十年近く前、ＮＨＫでイアハートの特集を放送したときに映し出された写真の一枚だった。

証拠能力に懐疑的な人びと

アメリカ人のなかにもその記憶を共有する人がいた。マーシャル諸島の首都マジュロ在住の軍事専門家マシュー・ホリーがそれで、数十年にわたり、南太平洋で死亡した米国人兵士の遺骨捜索や身元確認および消息を絶った米航空機墜落現場の位置特定にあたってきた彼は、手がかりになりそうな文献や写真はどこの国のものであろうと、ほとんど目にしてきた。

そのため右の写真の出処を確かめる作業もさほど困難ではなく、撮影者がミクロネシアを旅した日本人写真家で、件の写真を掲載した本が、イアハートが消息を絶つ前に刊行されていたことも突き止めた。

ホリーの調査はこれに留まらず、件の写真が日本の国立国会図書館デジタルコレクションでも閲覧可能で、こちらには撮影した日付も入り、撮影場所がマーシャル諸島ジャボール島のジャルート環礁であること、写真を掲載した本の出版が一九三六年であることまでも明らかにした。

疑念を表明した者は他にもいた。歴史的航空機の発見を目指す国際グループ「TIGHAR」がそれで、エグゼクティブ・ディレクターを務めるリチャード・ギレスピーは写真をひと目見たときから異議を唱え、「ジャルートの波止場で普通の人たちをとらえた写真にすぎない。日本人がどこにいるというのか。日本兵もいないではないか」と、証拠の一枚などと言立てるのはおこがましく、「ばかばかしい」の一語に尽きるとの見解を示していた。

そう言われてみれば、写真に写っている人物が本当にイアハートとヌーナンなのか、曳航されているのが本当にロッキード・エレクトラなのかとの疑念は増すばか

イアハートが映っているとされた問題の写真

り。何の先入観をなしにその写真を見せられたら、単なる風景写真と思えてきそうでもある。

そもそもマーシャル諸島は第一次世界大戦から第二次世界大戦の間、日本の委任統治下に置かれ、マーシャル諸島の商船を含め、外国船の入港が禁止されていた。それなのに、件の写真の背景に写り込んだ船の中で日本の国旗を掲揚しているのは一隻だけ。しかも旧式の船しかないのもおかしい。イアハートがどうこう以前、矛盾だらけの一枚だった。

ホリーは写真が撮影されたのは一九三五年で疑いの余地なしとしているが、件の日本人写真家の船旅が一度だけでなく、最新の写真の中に古い写真も紛れ込ませたとするなら、様々な矛盾も解消する。

真相は依然として藪の中と思われたが、二〇一八年三月、テネシー大学名誉教授で人類学を専門とするリチャード・ジャンツが、驚くべき発表を行なった。一九四〇年に太平洋の中部に位置するキリバスのニクマロロ島で発見され、がっしりした体格の男性のものとされていた人骨がイアハートのものである確率が極めて高いと指摘したのである。

人骨の原物は行方不明となってしまったが、計測データは残っていた。ジャンツが頭蓋骨、向う脛の骨、上腕骨、橈骨（前腕の2本の骨のうち親指側にある短いほうの細長い骨）の七つの測定値について最新の技術を駆使して再調査したところ、九九パーセント以上の確率で、イアハートの骨に似ているとの結果が出た。同じ場所から女性用の靴底、六分儀を入れる箱、ベネディクティンというノルマンディー産リキュール酒の瓶なども見つかっていることとあわせ、ジャンツは「このことはニクマロロの骨がアメリア・イアハートのものであるという結論を強く支持している」と述べ、自信のほどを示している。

コロンブスの謎

「大陸発見」が、英雄といえなくなってきた理由

西洋人から見れば、コロンブスはアメリカ大陸の発見者だったかもしれないが、先住民からしてみれば、疫病神以外の何者でもなかった。スペイン人がもたらした未知なる病には誰もなす術を知らず、百年も経たずして島民が全滅したところもある。そうでないところでも人口の激減に見舞われ、純粋な先住民は稀有な存在となるのだった。

●発見か、遭遇か

クリストファー・コロンブスの業績をできるだけ短く表現するとしたら、何と言うのが適切なのか。

「アメリカ大陸の発見」

一世紀前には有効だったこの表現も最近はあまり使われなくなった。先住民がいたのだから、「発見」はおかしいというわけである。そのため現在のアメリカでは、コロンブスがバハマ諸島のサン・サルバドル島（ワッチリング島）に上陸した一〇月の第二月曜日を単に「コロンブス・デイ」と呼び、「発見」ではなく「二つの大陸の出会い」という位置づけを行なっている。

とはいえ、西洋においてコロンブスが偉大な冒険家とされていることに変わりはなく、スペイン南部の都市セビリアの大聖堂の内部にはコロンブスの棺が、何と四人の王に担がれるかたちで安置されている。その四人はスペインを構成したレオン、カスティーリャ、ナバーラ、アラゴンの王を表わしており、聖人でもない一介の航海者がそこまでの栄誉を受けるとは前代未聞のことと言えよう。

実のところ、コロンブスはスペイン人ではなくイタリア人だった。イタリア半島の西の付け根にあるジェノヴァの生まれで、イタリア語読みではコロンボ、スペイン語読みならコロンとなり、コロンブスはラテン語での呼び名である。

当時の海の男たちには出身国への帰属意識は薄く、パトロンを求め、各国を遊説してまわるのを倣いとしていた。スペイン王からの委託で世界周航の航海に出たマゼランもスペイン人ではなくポルトガル人で、「アメリカ」の名の由来となったアメリゴ・ヴェスプッチはイタリアのフィレンツェ出身だった。

●おびただしい犠牲者を出した「目に見えない兵器」

西洋では偉大な冒険者扱いされるコロンブスだが、現在の中南米、ラテン・アメリカでの評判は芳しくない。なぜなら、コロンブスの船団来着をきっかけに人口が激減し、西洋諸国の植民地にされてしまったからである。

スペインにせよポルトガルにせよ、鉄と馬というアメリカ大陸先住民には未知なる兵器を携えていた。これではどれだけ人数に優っていたところで勝ち目はない。だが、先住民の大半は戦死や処刑ではなく未知なる病原体で命を落としたのだった。西洋人にとって梅毒が未知なる病であったのと同じく、アメリカ大陸先住民にとっては、麻疹、天然痘、ペスト、コレラ、おたふく風邪、百日咳といったユーラシア大陸ではおなじみの病すべてが未知なるもので、シャーマンによる祈祷に頼るほかはなす術を知らず、文字通りバタバタと倒れ、命を奪われたのだった。

西インド諸島のエスパニョーラ島を例に挙げれば、一四九二年のコロンブス到達

セビリアの大聖堂内部にあるコロンブスの墓

時には二〇万から三〇万人にいたと思われる先住民が一五一四年には一万四〇〇〇人にまで減り、一五四八年には白人との混血でない純粋な先住民は五〇〇人いるかいないかの状態となってしまった。島民が全滅したところもあるから、エスパニョーラ島はまだましなほうだったかもしれない。

現在のメキシコでも状況は似ており、一四九二年には三〇〇〇万人いたと推測される先住民の人口が百年も経たずして三〇〇万人と、十分の一にまで減少していた。

南米のインカや北米大陸東岸でも状況はいっしょで、イギリスからメイフラワー号が来着したとき、現在のニューイングランド海岸地方一帯は無人地帯と化していた。それに先立つこと三年前、スペイン人がもたらした疫病により、土着のバタクセント族が全滅していたからである。運よく生き延びたのは、疫病が流行する前に奴隷として転売されていた者ただ一人きりだった。

メイフラワー号に乗船していたピューリタンたちは、「神が伝染病を遣わして、われわれの行く手を清掃し給うた」として、感謝の祈りを捧げたというが、先住民にしてみれば、白人入植者は疫病神以外の何者でもなかった。

先住民が激減して労働力不足が生じると、白人たちは主に西アフリカから黒人奴隷を連れてきたが、過酷な労働環境では健康を維持するのは至難の業で、一八世紀に鉱山にまわされた奴隷の平均寿命はたったの二年、運よく農業労働にまわされても七年というのが実情だった。

コロンブスの第一回来航から今日まで、いったいどれだけの先住民が戦争や犯罪だけではなく、疫病や過酷な労働の犠牲になったことか。実数を知ることは不可能だが、アメリカやブラジルをはじめ、南北アメリカ大陸すべての国家がおびただしい量の白骨の上に立っていることは忘れてはならない。

第2章 伝説をくつがえす「大人物」の素顔

ココ・シャネルの謎

憧れのデザイナーの顔と、もうひとつの顔

二〇世紀を代表するファッション・デザイナーのひとりココ・シャネルは、恵まれない幼児体験のせいか自立心が強く、創造力にも富んでいた。彼女の成功は当時も今も、上昇志向の強い女性たちの模範と化しているが、そんな彼女に一つだけ汚点があった。第二次世界大戦下、ドイツのスパイとして働いた疑惑がかけられているのだった。

世の男女の美意識を変えたスーパーレディ

ココ・シャネルの愛称で記憶されるフランスのファッション・デザイナー、本名ガブリエル・ボヌール・シャネルは女性服に革命をもたらした偉人と言えた。

彼女が生まれたのは一八八三年のこと。それまでの女性服はコルセットで腰を締

め付けることで、身体の曲線を強調するものだったが、それは労働には向かない代物だった。

シャネルがパリに帽子店を開いたのは大戦前夜の一九一〇年だったが、人一倍自立心の強い彼女はすぐさま服飾の世界への進出も図り、シンプルで着心地がよく、無駄のないことを第一とする新たな女性服を開発。腰が締め付けられることもないため、たちまち大好評を博した。

第一次世界大戦が勃発すると、シャネルのデザインに対する需要はさらに高まる。男性があらかた戦場に駆り出されてできた穴を、女性たちで埋めざるをえなくなったからである。そこでは動きやすい服装が第一とされた。

戦時の徴発のために布地の入手は困難であったが、その規制がかえって好結果をもたらした。シャネルはそれまで男性の下着やスポーツ着にしか使用されていなかったジャージーに目をつけ、シンプルなデザインのスーツを考案した。これが大当たりして、専属の職人を三〇〇人も囲い込み、三つの店舗をフル稼働させねば需要に追いつかないほどだった。

ブームは戦時中だけに終わらず、大戦を契機として女性が街を自由に歩き回ることが一般化すると、シンプルなジャケットに膝下数センチのタイト・スカートというシャネル考案のスーツは「シャネル・スーツ」と呼ばれ、広く受け入れられるのだった。

戦後、より短いミニスカートのブームがきても、シャネルはそれを取り入れようとはしなかった。彼女の美意識に合わなかったからである。「膝小僧は美しくない」という彼女の信念は死ぬまで揺らぐことはなかった。

その他の点では、「シャネル・スーツ」こそが、世界中の男女の美意識を変えることになった。流行を追う女性たちが豊満な肉付きを嫌い、スレンダー志向に走り始めたのである。世の男性たちもそのような体型を愛でたことから、美の追求としてのダイエットの歴史が始まるのだった。

シャネルはドイツのスパイだった？

事業では大成功を収めたシャネルだが、生涯一度として結婚することはなかった。恋愛下手とか男性やセックスに興味がなかったわけではなく、良縁に恵まれなかったからだけのようである。その証拠に一九四二年から翌年にかけ愛人生活を送った

◆ココ・シャネル略年図

年	主なできごと
1883	8月19日、フランス西部のソミュールで生まれる
1895	12歳前に母ジャンヌが病死、父アルベールに捨てられ、孤児院や修道院で育つ
1901	18歳で孤児院を出た後、グラン・カフェで歌手になりたいと夢見る。退屈しのぎで制作した帽子のデザインが認められる
1909	パリのマルゼルブ大通りで、帽子のアトリエを開業
1910	パリに帽子専門店「シャネル・モード」を開業
1916	コレクション（ファッション・ショー）で大成功を収める
1924	イギリス一の大富豪、グローヴナーと出会い交際する。グローヴナーからもらった宝石類から着想を得て、模造宝石を使ったジュエリーを発表
1939	4000人を抱える大企業として成長したが、労働者がストライキを敢行。要求を受け入れられずに対立し、一部店舗を残し全てのビジネスを閉鎖
1942	フランスがドイツ軍に占領される。ドイツの国家保安本部SD局長シェレンベルクと懇意になった上に、ゲシュタポの高官ディンクラージの愛人になり、様々な恩恵を受け愛欲にまみれた生活を送る。シャネルは、諜報活動機関の工作員でもあった
1944	ド・ゴールによるフランス解放後に即座に逮捕され、「対独協力者」、「売国奴」と非難を浴びた
1945	8月、第二次世界大戦が終結。スイスへ亡命
1954	パリに戻ったシャネルは、ファッション界へ復帰を果たした。晩年は孤独からの不安や恐怖で不眠症に悩まされ、1日1本のモルヒネ注射が欠かせなくなった
1971	パリのホテル・リッツで、コレクションの準備中に87歳で没した

経験があった。

だが、その相手が悪すぎた。パリのドイツ大使館に勤務し、扇動や諜報活動の疑いが持たれていたハンス・ギュンター・フォン・ディンクラージ男爵だったからである。

事実、ドイツの諜報機関アプヴェーアはココ・シャネルを自分たちのスパイとして登録していた。そのことはマドリードの匿名筋からフランス国内のレジスタンに知らされていたが、当のシャネルがスパイとして自覚を持っていたかは定かではない。

このあたりの事情を知るには、第二次世界大戦前夜のフランスの国情を押さえておかねばならない。

当時、フランスの世論は左右の両極に割れていた。右翼のなかでは反独右翼と反共右翼の亀裂、左翼のなかでは共産党と反共左翼の亀裂が生じ、最終的には「ヒトラーかスターリンか」の二者択一となるなか、前者を支持する者が多数を占めた。

大戦が勃発して、フランスがあえなく降伏すると、第一次世界大戦の英雄ペタンを国家元首とするヴィシー政権が成立。共和政を嫌悪する諸勢力がそこに結集したが、彼らのなかにはナチス・ドイツに逆らうどころか、積極的に協力する者も少なくなかった。

協力の具体的な内容はレジスタンの摘発とユダヤ人の移送だった。フランスもドイツに負けず劣らず反ユダヤ主義が強く、ユダヤ人に対する非人間的な扱いを平然とできる者が少なくなかったのである。

シャネル自身が反ユダヤ感情を有していたのか、レジスタンに関する情報を愛人に流していたかは不明ながら、たとえそうであったとしても、当時のフランスにあっては別段珍しいことではなかった。

大戦終結後、フランスでは国外で活動したド・ゴール将軍の「自由フランス」と国内レジスタンを持ち上げる論調が支配的となったが、それは対独協力の後ろめたさを隠すための行為でもあった。本意かどうかはともかく、大半のフランス人が人道に反する罪に手を染めていたのだった。

曹操の墓の謎

二〇〇八年に見つかった墓が、本物である有力な証拠

三国時代の英雄、曹操は建安二五年（二二〇）に死去した。墓室も副葬品も質素にするよう遺言していたが、二〇〇八年に発見された墓は果たして本物なのか。世界中の三国志ファンにセンセーショナルを巻き起こしたが、映画『レッド・クリフ』の公開時期と重なったこともあって、当初から疑念を表する声が高かった。被葬者は本当に曹操なのか。

●三国志ファンが驚いた世紀の大発見

中国では三国志の愛好家を「三国迷」と呼ぶ。同様の人間は日本にもたくさんいるが、二〇〇九年一二月二八日、そんな彼らをどよめかせるニュースが中国共産党中央委員間の機関紙『人民日報』で報じられた。それは前日に行なわれた河南省文

物局の記者会見について報じたもので、三国志の英雄のひとり、曹操の墓が河南省《かなんしょう》安陽市《あんようし》で発見されたとの内容だった。

曹操《そうそう》は魏《ぎ》・呉《ご》・蜀《しょく》の三国のうち魏の建国者。劉備《りゅうび》や孫権《そんけん》と戦いながら、後漢の献帝を擁したうえ、人口や版図、土地の生産性などあらゆる点で優位に立ち、最終的には皇帝より一段下の魏王の位にまで進んだ。紀元二二〇年の正月二三日、洛陽で六六年の生涯を終え、翌月二一日、高陵《こうりょう》に葬むられたと、正史の『三国志』には記されている。

正史の『三国志』を著わした陳寿《ちんじゅ》は高陵の場所特定につながる記述を一切残しておらず、強いて言うなら、曹操が臨終の床で口にした「遺体を包むのには平服を用い、金銀珍宝を墓中に納めるな」という遺令と、亡くなる二年前、埋葬に適する土地に関して述べた「古代の埋葬は必ず痩せた土地に行なった。西門豹《せいもんひょう》（戦国時代・魏の臣）は西の高原上に祀って寿陵《じゅりょう》（生前につくる陵）をつくったとき、高地を利用して基礎とし、土盛りをせず、木も植えなかった」という私見が、手がかりと言えないこともなかった。

ともあれ、墓の存在が確認されたのは二〇〇五年末のことで、二〇〇八年一二月から保護目的での本格的な発掘調査が開始され、翌年四月には発見された二つの墓に西高穴一号墓、二号墓の名が与えられた。曹操の墓に擬せられたのはこのうち二号墓のほうだった。

本格調査の結果発見されたのは六〇歳前後の男性、二〇代と五〇代からなる女性の計三体の人骨と二五九点に及ぶ副葬品。その副葬品のうち八点に「魏武王」の銘文のあったことが、曹操の墓と特定する上で重要な証拠とされた。「武王」とは曹操が死後に贈られた諡号《しごう》であったからだ。

けれども、記者会見が映画『レッド・クリフ（赤壁《せきへき》）』の公開時期と重なっていたことから、当初から組織ぐるみの捏造を疑う声が強く、故人の事績を記した墓誌や陪葬墓が見つかっていないことに加え、河南省文物局の考察方法にも多くの疑問が寄せられた。

墓の存在が確認されてから本格的な発掘調査が開始されるまでの間に何度も盗掘の被害に遭い、多くの盗品が骨董市場に流出した経緯があるというのに、偽物の混入した可能性を一切考慮に入れず、回収したすべてを同墓の副葬品とした姿勢などが槍玉にあげられたのである。

銅雀台跡の前に建つ曹操の像

このようなゴタゴタがあって、高陵墓の公開は延期となったまま、いままで実現の日を見ていない。

●曹操の意思に適っているかどうか

曹操の墓発見に至る経緯をもう少し詳しく説明しておこう。

事の起こりは一九九八年四月、空き地を掘っていた農民が一つの石碑を掘り当て、それが三四五年一一月に葬られた魯潜《ろせん》という人の墓誌であることがわかった。問題はそこにあった文面である。

そこには、「高決橋から西へ一〇四二歩、そこからさらに南へ一七〇歩で魏武帝陵の西北角に至る。西北角から西へ四三歩、そこからさらに北へ二五〇歩で魯潜墓の明堂《めいどう》（墓所の中心）に至る」と、「魏武帝陵」の場所特定につながる記述があった。

「魏武帝」とは曹操の後継者となった曹丕《そうひ》が帝位についてのち、父曹操に贈った諡号であるから、「魏武帝陵」とは曹操の墓に他ならない。魯潜なる人物の墓は特定できているから、墓誌の記述に従い、そこから逆算していけば、曹操の墓にたどり着ける。衝撃的な発見ではあったが、予算の都合か何か、それから場所の特定と本格的な発掘作業が開始されるまでの間に長い歳月が流れ、少なくとも七回盗掘の被害に遭うのだった。

先述した陳寿の『三国志』は文面が簡潔に過ぎるというので、南北朝時代、南朝・宋の文帝から命を受け、裴松之《はいしょうし》という史官が異聞や陳寿の取り上げていない逸話などを加えたうえ、論理的な史料批判なども盛り込んだ詳細な注を施すが、その中で曹操の墓に関するものとしては、『魏書』、という史料からの引用として、「（曹操は）本性倹約家で、華美を好まず」「あらかじめ死んだときの衣服を自分で決めておき、四つの箱だけとした」といった文面を紹介している。後継者の曹丕が曹操の思い描く通りの墓造りをしたとすれば、曹操の墓室内部はかなり質素なはずなのだが。

皇帝や王侯はもちろん、後漢の上流階級の墓室は壁全体を華麗な絵画で装飾するのが倣いであったが、西高穴一号墓と二号墓のどちらにも、そのような痕跡は一切見られず、この点では曹操の意思に適っているとみなしてよい。

副葬品はどうかといえば、こちらは判断が難しい。二五九点というのが、高貴な身分のものとして多いのか少ないのか、骨董市場に流れた盗品のすべてを回収しえたのかどうかも判断できないことから、何ら答えを出せないというのが正直なところである。

最後に曹操の墓のあるべき場所として相応しいかどうかという点だが、安陽市から北東約三〇キロのところには曹操が拠点として、銅雀台《どうじゃくだい》などを築いた場所があるから、距離的にも位置的にも墓を設けるに不自然ではない場所と言える。ただし、功臣たちの眠る陪葬墓が近隣で一つとして発見されていないのが大きなネックとなっている。

総じて言えば、西高穴村で発見された墓が曹操のものであるかどうか、現状では判別不可能ではないだろうか。

ハーメルンの笛吹き男の謎

童話でも伝説でもない、本当にあった集団失踪事件

単なる童話と思われていた話は半分史実だった。一二八四年六月二六日にハーメルンの町で起きた少年少女集団失踪事件。一三〇人もの子供たちが大人たちに気づかれないまま、一時に消え失せるなど、異様としか言い様がない。いったい少年少女たちの身に何が起こったのか。七〇〇年以上の歳月を越えて真相に迫る。

本当にあった集団失踪事件

グリム兄弟が編纂した『ドイツ伝説集』は俗に『グリム童話』と呼ばれ、世界中で親しまれている。その中に「ハーメルンの笛吹き男」という話があり、誰もが聞き覚えがあると思われるが、念のためその概要をおさらいしておこう。

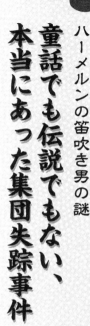

ドイツ北部の町ハーメルンではネズミの被害に悩まされていた。一二八四年、そこに鼠捕り男を自称するよそ者が現われ、いくらかの金を払えばネズミどもを一掃してみせると宣言した。町の人びとが約束をすると、男は笛を吹きならして町中のネズミを招き寄せると、町の外を流れるヴェーゼル河までネズミどもを連れていき、一匹残らず溺死させてしまった。

ところが、いざ事が片付いてみると、町の人びとは約束を後悔して、報酬の支払いを拒んだ。

すると男はいったん立ち去るが、同年の「ヨハネとパウロの日」(六月二六日)に再び現れると、今度はネズミではなく四歳以上の少年少女計一三〇人を連れ去り、山に着くと子供らともども姿を消してしまった。無事に帰ってきたのは、幼児を抱いて遠くからついていった一人の子守り娘だけで、町の人びとが彼女から知らせを受けたときには、すべてが手遅れになっていた。

これには異説もあって、それによれば、目の見えない子供と口のきけない子供、上着を取りにいったん帰宅したために遅れをとった子供の三人も無事に戻ってくることができた。

しかし、目の見えない子供は笛吹き男のことは話せても、場所を示すことができず、口のきけない子供は場所を示すことはできたが、何も語ることができなかった。上着を取りに戻った子は急いでみなを追いかけたが間に合わず、他の子供たちが丘に開いた穴の中に消え去るのを遠望したのみだった。

そして二、三の者の言うところでは、子供たちは穴を通り抜け、ジーベンビュルゲン（現在のハンガリー東部の山地）で再び地上に現われたという。

以上が「ハーメルンの笛吹き男」の概要である。これが単なる伝説であれば聞き流して済むところだが、一二八四年の六月二六日にハーメルンの町で少年少女の集団失踪事件の起きたことが複数の史料から確認できるがために、現在に至るも多くの関心を呼んでいるのだった。

東方へ移住したのか、聖地を目指したのか

ハーメルンの町で起きた集団失踪事件。「ハーメルンの笛吹き男」と現実との最大の違いは、笛吹き男すなわち鼠捕り男の話が後世の付加という点である。本来の話は、少年少女一三〇人が同じ日に姿を消したというものだった。

少年少女の身に何が起きたのか。これまでに事故遭難説、黒死病説、少年十字軍説、東方植民説、舞踏病《ぶとうびょう》説など様々な可能性が追究されてきた。

これらのうち少年十字軍とは、エルサレムやローマなどカトリックの聖地を目指したとするもので、一二一二年に実例があった。ドイツでは「天使から霊感を受けた」と称する少年が数千人の農民や牧夫を引き連れ、イタリアまで行進。フランスでは「巡礼姿のキリストに出会い、フランス王宛ての手紙を託された」と自称する牧童が三万人もの少年少女を率いてマルセイユまで行進するという事件が起きていた。

次に東方植民についていえば、これは一二～一三世紀にネーデルラントやドイツ西部からエルベ川以東に行なわれた集団入植のこと。当時のエルベ川以東すなわちドイツ東部は異教徒の世界で人口は希薄。移住に応じればそれまでの地主小作関係から解放されるとあって、一大ブームを呼ぶこととなった。

さらには舞踏病説だが、これは自分の意志では抑制不可能な急速かつ不規則で不調和な不随意運動が身体の一部または全部の筋肉に起こるもので、患者の歩行が舞踏のように見えることからその名がある。中世のドイツでは一〇二七年にコルウィ

ハーメルンの町中にある笛吹き男の像

ヒという村、一二三七年にエルフルトの町、一三七四年には古都アーヘンで発生例が見られ、コルウィヒでは、いきなり狂躁的な発作に襲われ踊り狂ったかと思えば、突然意識を失い、腹部が異常なまでに膨れあがったあげく昏睡状態に陥り、ついには死に至る。生きながらえた者にはパーキンソン症候群に似た震えの症状が残ったと言われている。

エルフルトでは一〇〇〇人もの少年少女が舞踏病に襲われた。一方、アーヘンで発生した舞踏病はケルンやオランダのメッツなど近隣の都市にも拡大して、ケルンだけで五〇〇人、メッツでは一〇〇〇人もの人びとが踊り狂ったと記録されている。

以上挙げたなか、どれがハーメルンで起きた事件に近いのかは大きな謎で、解明の日が待たれている。

ナポレオンの謎

英雄の最期が、なぜみえてこないのか

流刑に処されたナポレオン。絶海の孤島セントヘレナで彼の身に何が起きたのか。人為的なヒ素中毒とする説があり、その毛髪からは現代人の一〇〇倍以上のヒ素が検出されたが、実のところ、それくらいの数値は当時としては当たり前。死因は他にあるはずで、病死とするなら、いったいどこの疾患が死因につながったのか。

ヨーロッパ全域を席巻した風雲児の実像

皇帝ナポレオン・ボナパルトことナポレオン1世はフランス史の上では国民的英雄、その他のヨーロッパ諸国では侵略者として扱われることが多いが、後者の場合でも、稀代の風雲児であったことは認められている。

ナポレオンを描いた絵画は数多く存在するが、もっとも有名なのは、ダヴィッドの《サン・ベルナール峠を越えるナポレオン・ボナパルト》だろう。愛馬マレンゴにまたがるナポレオンの雄姿は見る者に畏敬の念を起こさずにはいられない。だが、この絵画には大きな虚構があった。ナポレオンがまたがっていたのは、本当はロバからラバであった。しかもナポレオンは、「肖像は似ているかどうかが問題なのではなく、その人物の偉大さが伝わればよい」として、ポーズをとることを拒否したと伝えられる。

ナポレオンの戦いぶりは、他の諸国から見れば軍神の域に達していた。兵力で劣る戦いでも采配の妙で勝利をものにする。とくに騎兵を投入するタイミングの見極めが人間離れしており、ナポレオンと戦う相手は、フランス軍が背を見せて敗走するまで気を抜くことができなかった。そのナポレオンが最初に喫した大敗北はモスクワ遠征で、この失敗で兵力が半数以下に激減したところを、対仏同盟軍とのライプツィヒの戦いにも敗れ、イタリア近海のエルバ島に流されることとなった。

しかし、これくらいのことでへこたれるナポレオンではなく、同盟軍諸国が戦後処理の名のもと、ウィーンで連日パーティーを楽しんでいるのを幸いとしてエルバ島を脱出。フランス本土に上陸するとたちまち多く軍兵が集まってきたことから、さしたる戦闘を経ずして皇帝の座に帰り着くことができた。

再び迎えた対仏同盟軍との一大決戦。場所は現在のルクセンブルク領内にあるワーテルローである。兵の数で劣るフランス軍はナポレオンの采配にすべてを託すが、当のナポレオンは最大の山場を迎えたところで体調不良がひどく、股肱の将であるネイに一時指揮権を預け、しばしの休息に入った。

結論を先に述べれば、このときの人選が致命的な誤りだった。ナポレオンが戻るまで守りに徹するべきところを、ネイはなんと、温存していた騎兵全員を一斉突撃させてしまったのだから。

馬蹄の響きに驚いたナポレオンは急ぎ本陣に戻るが、時すでに遅く、援護のないまま敵中央を目指した騎兵隊はかっこうの標的となり、馬もろとも次々に戦場の露と消えていた。これにより勝敗は決し、二度目の大敗北を喫したナポレオンは二度と脱出ができないようにと、西アフリカ沖約一九三〇キロ、南大西洋上にある絶海の孤島セントヘレナへと流され、六年後に病死するのだった。

排尿のたびに激痛が

現存する絵画からは想像もつかないが、ナポレオンの身長は一六八センチ前後と、フランス人全体からみれば平均的だが、軍人としては小柄なほうだった。肉体も頑強とはおよそ逆で、精神的にもタフと言うにはほど遠かった。緊張すると激しい胃痛に襲われ、ワーテルローの戦いで席を外したのもそれが原因と言われている。

セントヘレナに流されてから六年にして亡くなるのだが、その死因についてはかねてより、ヒ素による殺害説が取り沙汰されてきた。寝室の壁やら何やら、生活のあらゆる場所にヒ素を潜ませ、中毒に陥るよう仕組まれたというのだが、この説には重大な欠陥がある。ともに暮らしていた者たちの誰一人としてヒ素中毒になっていない事実を無視しており、その理由が説明できない以上、この説は死因の候補から外してよいだろう。

中毒説を否定する研究結果は二〇〇八年にイタリアの国立核物理研究所により発表されたことがある。ナポレオンの頭髪からは確かに現代人の髪に含まれる量の一〇〇倍以上ものヒ素が検出されたが、その量はナポレオン在世当時としては平均的な数値で、致死量には遠く及ばない。ヒ素による中毒死説は成り立たないというの

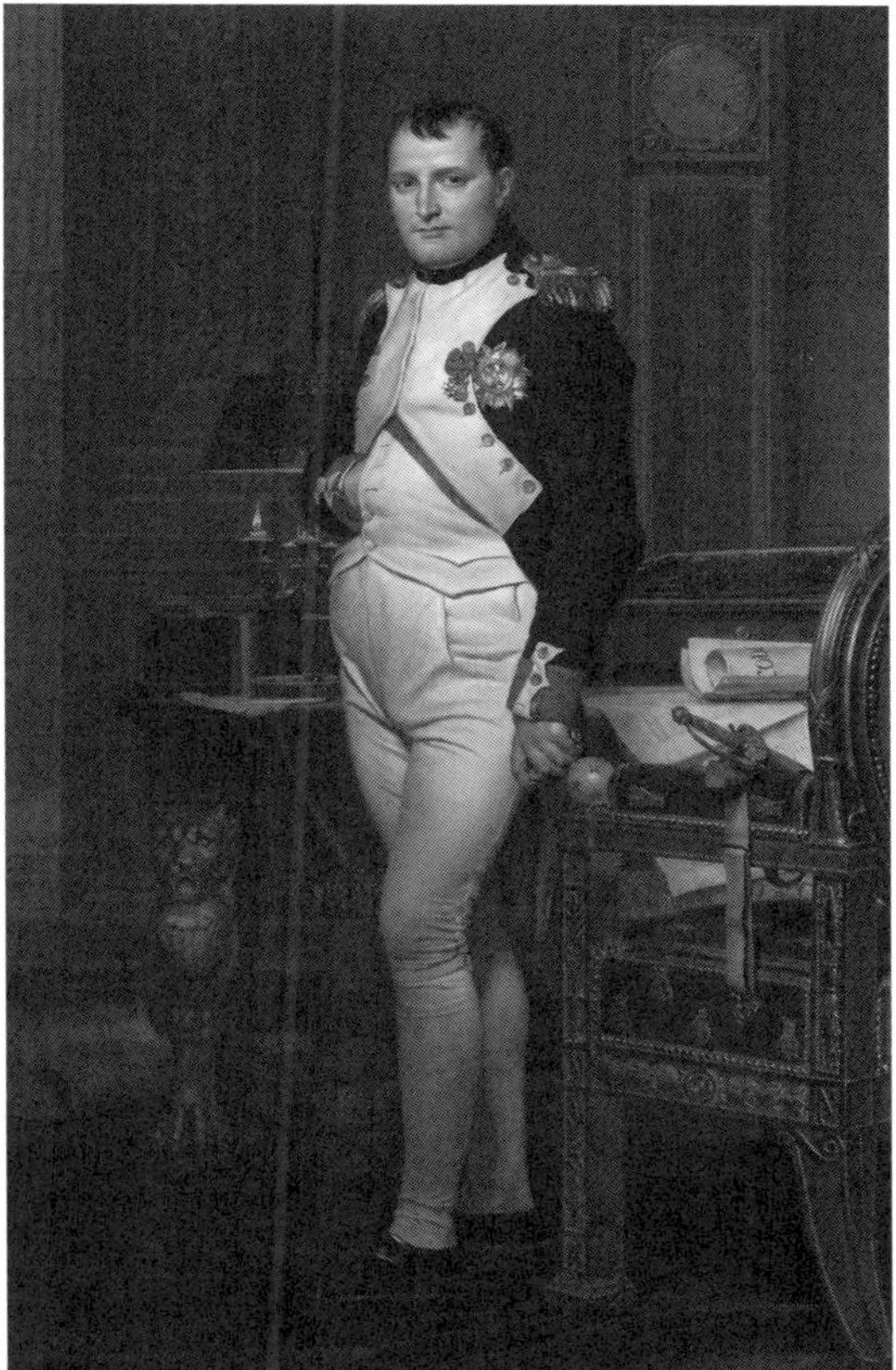

ジャック＝ルイ・ダヴィッド《書斎のナポレオン・ボナパルト》
ワシントン・ナショナル・ギャラリー蔵

が同研究所の結論だった。

事故死や他殺、自殺の線もないとすれば、残るのはやはり病死だが、病死であれば、いったい何の病気が死因につながったのか。

ナポレオンが早くから胃痛に悩まされていたことから、死因を胃癌とする説もあるが、二〇〇九年五月にはデンマークの元医師により新たな説が提示された。それによると、ナポレオンの死因は慢性的な腎疾患だったという。

同医師は当時の診断書や遺体の解剖報告書などを分析したあげく、「若い時から、ナポレオンは慢性的な尿道狭窄《きょうさく》や膀胱の感染症、腎臓病、閉塞性腎疾患などの病気に悩まされており、これらの合併症が死につながった」と結論付けた。また、「排尿時に痛みがあったとみられ、ナポレオン自身も『痛くて死にそうだ』との言葉を残している」として、こうした症状が一七九〇年代から五一歳で死亡する時点まで続いたはずだともコメントしている。

ナポレオンの泌尿器官に問題があったことは知られていたが、それと死因を直接結び付けたのは同医師が初めてだった。これが定説になるかどうか、現段階では何とも言えないが、科学のさらなる進歩がおのずと答えを出してくれると信じたい。

二人のマリアの謎
「聖母マリア」と「マグダラのマリア」のその後

イエスには多くの女性信者が付き従っていたが、そのなかでも群を抜く存在であったのが聖母マリアとマグダラのマリアである。彼女らはイエスの昇天後、余生をどこでどのように過ごしたのか。『新約聖書』にはない話が、後世の聖人伝や土地の伝承のなかに見ることができる。

聖母マリアはどこで亡くなったのか

キリスト教の創始者であるナザレのイエスは紀元三〇年頃、エルサレムのゴルゴタの丘上で刑死したのち、三日後に蘇り、それから四〇日後にエルサレム城外のオリーブの丘から天に昇ったと、『新約聖書』には記されている。

イエスには多くの弟子が付き従っていたが、イエスが逮捕されたのち、男性信者はことごとく身を隠してしまった。それに対して女性信者はイエスが十字架を背負いながら刑場まで歩かされる道程だけでなく、十字架上で息絶えるまでをしっかり見届けた。さらに、復活したイエスを最初に目にしたのは、マグダラのマリアという熱心な女性信者だった。

当時の地中海世界では女性の名前にバリエーションが少なく、『新約聖書』の中にもマリアという名前の女性が多数登場する。そのなかでもイエスの生涯に深く関わったのはイエスの生母である聖母マリアと右のマグダラのマリアの二人で、彼女らはイエスの昇天後、どこでどういう余生を送ったのか。

『新約聖書』の中でも聖母マリアに関する記述は、「使徒行伝《しとぎょうでん》」中にある「彼ら（イエスの高弟たち）はオリーブという山からエルサレムに帰った。…（中略）…この人たちは、婦人たちやイエスの母マリアおよびイエスの兄弟たちとともに、みな心を合わせ、祈りに専念していた」というのを最後に、その後のことを語っていない。

それを補うのが一三世紀にジェノヴァの大司教ヤコブス・デ・ウォラギネにより編纂された聖人伝の集成『黄金伝説』で、同書の「一一三　聖母マリア被昇天」という項目には、聖母マリアがシオンの丘のそばの家に引きこもり、イエスの昇天から二四年間生き永らえ、七二歳で永眠したとする説と、六〇歳で永眠したとする二つの説を紹介している。これに基づき、現在のシオンの丘には一九一〇年創建の聖母マリア永眠教会が佇み、エルサレムにある教会の中では最大規模を誇っている。

それならば聖母マリア終焉の地はエルサレムで決まりかといえばそうではなく、対抗馬となる場所がもう一か所ある。当時ユダヤ人の巨大なコミュニティーが存在した小アジアのエフェソス、現在のトルコ共和国エフェスからほど近いセルチュクがそれである。

セルチュクには「聖母マリアの家」なる建物が存在する。イエスの昇天後、聖母マリアは一二弟子のひとり聖ヨハネとともに同地に移り住み、余生を送ったというのだが、その話の起こりは一九世紀と新しい。ドイツの修道女カトリーヌ・エメリッヒが天啓を受け、一度も訪れたことがないというのに聖母マリア臨終の地に関する詳細な記録を残した。小アジアのイズミールの司教がその記録を頼りに場所を特定。小さな教会を建てたところ、キリスト教徒の聖地としたというのである。

真偽のほどは定かでないが、「聖母マリアの家」の出入り口横の壁には、バチカン公認という触れ込みのプレートが貼られていたという。真相やいかに。

マグダラのマリアの行方は

もう一人のマリアは小説・映画ともに世界的に大ヒットした『ダ・ヴィンチ・コード』のおかげで、日本でも著しく知名度をあげたマグダラのマリアである。七つ悪霊に取りつかれていた彼女は、それを追い出してもらってからはずっとイエスにつき従い、イエスの処刑を見届けるとともに、復活したイエスに最初に出会った人物でもある。

時代が下ると、娼婦だった女性、さらには自分の髪の毛を使いイエスの足を高価な油で洗った女性と同一視される。聖母マリアを別にすれば、イエスのもっとも近くにいた女性だった。

『新約聖書』の記述からは、彼女もエルサレムで静かに余生を送ったかの印象を受けるが、右の『黄金伝説』中の「九一　マグダラの聖女マリア」には、それとは異なる伝承が記されている。

同書によれば、イエスの昇天から一四年後、マグダラのマリアは弟のラザロや姉

トルコ西部のセルチュクにある「聖母マリアの家」

のマルタ、忠実な侍女のマルティラなど一団の信者ともども聖ペテロの手配のもと、七二人弟子のひとりマクシミヌスと行動をともにしていた。迫害者の陰謀により船に乗せられ、海の藻屑にされそうになるが、神の思し召しにより、船はマッシリア（現在の南仏マルセイユ）に漂着した。

しばらく布教活動に従事したのち、マグダラのマリアは天国を見る境地に達したく思い、泉もなければ草木もない荒野に引きこもると、それから三〇年間誰とも接することなく静かに暮らし、安らかな最期を遂げた。

以上が『黄金伝説』の伝えるところで、

現在の南仏プロヴァンス地方では漂着地点をマルセイユのサント・マリー・ド・ラ・メール、隠棲した場所をマルセイユの東方三〇キロほどの山中にあるサント・ボームの洞窟と特定している。「サント・ボーム」とは「神聖な洞窟」という意味で、同地への巡礼は5世紀にはじまり、中世には大流行することとなった。

また『黄金伝説』には話の続きがあって、紀元七六九年頃、ゲルハルドゥスという公爵がフランス中部の都市ディジョンの西一一六キロに位置するヴェズレーという地に修道院を建設した。できればマグダラのマリアの聖遺物が欲しいと修道士を派遣したところ、神の思し召しにより彼女の墓を発見した。夢に現われた彼女から許可も得られたので、その修道士は遺骨を持ち帰り、これより同修道院は聖地として多くの巡礼者を集めたというのである。

一二七九年に別の場所でマグダラのマリアの遺骨が発見され、教皇庁によりそちらが本物と認定されてからは巡礼者も激減したが、遺骨を安置するため八六一年に創建されたサント・マドレーヌ大聖堂は現在も変わらぬ威容を誇り、「ヴェズレーの教会と丘」の名でユネスコの世界遺産にも登録されている。

老子の謎

行方をたどると、次々にその正体がみえてくる

「無為自然」「上善如水」という言葉は『老子』という書物に由来する。中国春秋時代の思想家で、道教の始祖ともされる老子の言行録がそれで、当の老子の最期について、歴史は黙して語らない。仕えていた周王朝に見切りをつけ、関所を過ぎ、西方へ旅立ったのち、いったいどこに消えてしまったのか。

老子が通った関所はどこか

老子は孔子と同時代を生きた思想家で、その教えは「無為自然《むいしぜん》」や「上善如水《じょうぜんじょすい》」といった言葉に集約される。これ見よがしの行為をせずにいながら、なすべきことをすべてなす。水のように形のないものだからこそ、どんな狭いところでも入っていける。万全の気配りができる水のような存在こそ最上の善である。これが老子の教えの神髄で、それは後世の荘子の思想とあわせて「老荘思想」と呼ばれもすれば、伝説上の聖君である黄帝《こうてい》とあわせて「黄老思想」とも呼ばれ、南北朝時代の道教成立へとつながるのだった。

　老子の生涯についてもっともまとまった伝承を伝えているのは、前漢の武帝（在位前一四一～前八七年）に史官（記録係）として仕えた司馬遷《しばせん》で、彼が著わした歴史書『史記』の「老子・韓非《かんぴ》列伝」によれば、老子は周王朝の蔵室（宮廷図書室）を管理する立場にあった。周の衰えゆく様を見届けるに偲びなく、中原《ちゅうげん》（中華世界の中心）を後にする決意を固めるが、関所を過ぎようとしたとき、そこの責任者である尹喜《いんき》という者から求められるまま、上下二篇の書を著わした。徳と道の意義を述べること五千余字。その後の老子の消息は杳《よう》として知れず、どこで死んだかを知る者はいないとのことである。

　老子の行方を探るのであれば、まずは関所の場所を特定しなければならない。老子が孔子と同時代の人というのが事実なら、周の都は現在の河南省洛陽市《かなんしょうらくようし》にあった。そこから四方に街道と関所が設けられていたはずなのだが、「老子・韓非列伝」

には方角までは記されていない。

しかし、中国の歴史上、「出関（関を出る）」といえば西方の関所をさす場合がほとんどであることから、何ら根拠のあるわけでもないが、老子の越えた関所は西方のそれと捉えるのが当たり前とされてきた。

仮にそうだとしても、まだ大きな問題が立ちはだかる。当時の西の関所については、函谷関《かんこくかん》とする説と散関とする説の二つがあるのだ。函谷関が位置するのは現在の洛陽市とかつての長安、すなわち陝西省西安市《せんせいしょうせいあんし》のちょうど中間あたりで、散関《さんかん》の位置は西安市からさらに一五〇キロ余り西の宝鶏《ほうけい》になる。函谷関の西であればまだ中原の範囲内だが、散関の西になると、完全なる異民族の世界。このため老子を神格化しようとする人びとは散関説、神仙なみの偉大な思想家と捉える人びとは函谷関説を採る傾向が強まった。

ブッダは老子の化身だった!?

西安市から西へ一〇〇キロほどに位置する周至県には「老子墓」と銘打つお墓があるが、これは近年つくられたもので、函谷関説に従いながら、それ以外に何ら由緒を持たない成金趣味の産物だった。

そもそも函谷関説を採るにしても、そこから真西に向かうとは限らず、南北どちらかに道を取った可能性もある。真西に進めば現在の西安市に至り、そこからさらに真西へ進めば、周至県《しゅうしけん》を過ぎて散関に達する。最後の順路を進んだのだとすれば、老子は西域か天竺を目指したことになる。

西域とは漠然と西方の異民族世界を指す言葉で、おおむね現在の甘粛省《かんしゅくしょう》や新疆《しんきょう》ウイグル自治区にあたる。対する天竺は現在のインドをはじめとする南アジア全域を指す言葉だった。天竺は仏教誕生の地であることから、老子を神格化する立場の人びとは散関説を採ったうえに、仏教の開祖であるブッダが老子の化身だったとする説を唱えるようになった。西域の異民族を教化するために選んだ手段とのことで、この説を称して老子化胡説《ろうしかこせつ》という。

老子化胡説は道教と仏教が激しく競合した南北朝時代から唐代にかけて生まれたもので、その萌芽は仏教と黄老の両方を信仰した後漢の桓帝《かんてい》（在位一四七～一六七年）の時点ですでに生じていた。それは中国への仏教伝来から一世紀を過ぎた頃で、桓帝が老子の故郷と伝えられる地に特使を遣わし、老子を祀らせたのと同じ一六八年の八月、地方官の命令により、同地に「老子銘」と題する石碑が建てられた。その写しによれば、老子は道を究めた結果、時間や空間をも超越した存在と化し、神話伝説上の聖君である三皇五帝の頃から何度も姿を変えて現われ、中国を支配した歴代の主な帝王の師として教えを説いたのだという。

同じ碑文の中で、孔子が老子に会見したとき、孔子の年齢が一七歳であったのに対し、老子は二〇〇余歳であったとあり、先述した「老子・韓非列伝」にも「老子は一六〇歳余りまで生き、二〇〇余歳だったともいう」との記述が見られるなど、老子が早い段階から謎めいた人物と捉えられていたことがうかがえる。

総じて言えることは、関所を出たあとの老子の足跡は皆目見当がつかない。それどころか、実在を疑う声も根強く、司馬遷が老子の伝記に多くの文字数を費やさなかったのも、その実在性に確信が持てなかったからだろう。

ちなみに、孔子の没年は前四七九年で、ブッダの没年はスリランカやタイなどの上座部仏教では前五四四年か前五四三年、大乗仏教では前四六三年から前三八三年まで諸説あり、どの説を採るかによって、老子とブッダの関係はかなりややこしくなってしまう。

老舎の謎

文化大革命の犠牲者、その凄絶な最期に残るいくつかの疑問

現代中国を代表する小説家で劇作家でもあった老舎はノーベル文学賞の候補にも挙げられたことがある。そんな偉人が、文化大革命が始まってまもなく、知識人であるというだけの理由で、紅衛兵たちの激しい暴力にさらされた。二日後、彼の遺体が発見され、入水自裁と公表されるが、そう断定するには疑問点がいくつもあった。

北京をこよなく愛した作家

現代中国、もう少し具体的にいえば中華人民共和国。この国のもとでは狂気の沙汰が何度か繰り返されてきた。鉄の生産量で世界一になることを目指した「大躍進」と呼ばれる運動もそうなら、毛沢東による権力奪還に端を発する「文化大革命」も

そうだった。何の罪のない多くの人びとが迫害され、貴重な文化財が数知れず破壊を被った。経済も社会の秩序も滅茶苦茶になり、多数の餓死者まで出す二〇世紀で最大規模の人為的な災害でもあった。

元地主であることや知識人であることも、それ自体が罪とされ、多くの名のある作家たちが迫害の憂き目を見た。『駱駝《らくだ》の祥子《シアンツ》』や『茶館《ちゃかん》』で知られる作家で劇作家でもある老舎《ろうしゃ》もそんな犠牲者のひとりだった。

老舎の本名は舒慶春。満州族ではあるが、宮廷とは何の縁もない貧困家庭で育った。苦学して大学を卒業、教員の職も得て、そこで運よくイギリス留学の機会を得たことが彼の人生の一大転機となった。

ロンドンでの生活は六年間に及んだが、すっかり現地に溶け込んだわけではなく、重度のホームシックに陥った。それを克服するために始めたのが小説の創作だった。国内で教員生活を送るだけでは、老舎という偉大な作家は生まれなかったのだった。

帰国後も大学で教鞭を執るかたわら、小説や劇の台本を書き続けた。そのほとんどが北京を舞台とし、下層庶民の生活が詳細かつ丁寧に描かれているのも老舎の作品の特徴だった。この点については老舎夫人の胡契青も「老舎は一生北京を描いた。

老舎と北京を切り離すことはできない。北京がなければ老舎も存在しない。北京がなければ老舎も存在しないと述べたことがある。また老舎と親交のあった中国文学研究家の竹内実《たけうちみのる》も、「老舎ほど北京を愛したひとは、まずいない」という言葉を残している。

第二次世界大戦終結後、老舎はアメリカに居を移すが、周恩来《しゅうおんらい》からの丁重な呼びかけに応じ、中華人民共和国の成立後に帰国。創作活動を続けるかたわら、北京市文学芸術界聯合会の主席、中国作家協会副主席、北京市文聯主席も務めるなど多忙な日々を送っていた。

●全身血まみれになるまでのリンチを受ける

特定の権力に盲従しないのが知識人のあるべき姿で、老舎もその点ではりっぱな知識人で、相手が誰であろうと、間違っていると思えば、非難の声を上げた。だが、盲従以外の生き方を知らない人びとからすれば、知識人のそのような姿勢はとうてい許しがたいものであった。

老舎の身に難が振りかかったのは一九六六年八月二三日のことだった。文化大革命が始まってから三か月が過ぎ、紅衛兵《こうえいへい》（毛沢東を絶対視する青少年組織）を中心とする「打破四旧《しきゅう》」の運動は最高潮に達しようとしていた。「四旧」とは「古い思想」「古い文化」「古い風俗」「古い習慣」を指す言葉で、北京の伝統文化をこよなく愛する老舎とは真っ向対立する考え方であった。

それより少し前、老舎は精神的なストレスから大量の血を吐き、入院生活を送っていた。退院の許可が出たとき、しばらくは家で安静にしているよう注意されたにも関わらず、老舎はすぐさま仕事に復帰した。

執筆活動は自宅でできるが、北京市文学芸術界聯合会主席としての仕事は、そのオフィスまで出向かなければできない。悲劇に見舞われたのは退院後の出勤初日のことだった。老舎をはじめ二〇数人の著名な作家や芸術家が、熱狂した紅衛兵によりトラックに乗せられ、成賢街（現在の国子監街）の孔子廟《こうしびょう》（現在の北京市博物館）で降ろされたのである。

ここでいったん位置関係を説明しておこう。北京市の中心には紫禁城《しきんじょう》（現在の故《こ》宮博物院《きゅうはくぶついん》）が位置する。そこから東へ二本目、南北に走る大通りが「北京の銀座通り」とも呼ばれる王府井《ワンフーチン》で、老舎の住まいがあったのは王府井の真ん中から少し南、そこから西へ入る胡同《フートン》（横丁）の一角で、成賢街は王府井の北詰めから少し手前を西に入る胡同だった。紫禁城の正門にあたる前門から成賢街までは直線距離にして約七キロ離れている。

紅衛兵がその場所を選んだのは、「四旧」のもっとも集中する場所と考えられたからだろう。老舎らそこに集められた作家・芸術家たちは京劇の小道具や芝居衣裳が燃え上がる炎の周辺に跪かせられ、暴言と罵声を浴びせられながら、ひどい暴力をふるわれた。老舎の身に着せられた罪名は「現行反革命分子」「資産階級の権威」「老反共主義者」「封建貴族の子孫」などからなり、二〇数人のなかでもっとも重傷を負わされたのも老舎で、割られた頭からは血が流れ出て、白いワイシャツ一面に鮮血がほとばしっていたという。

解放されたのち、老舎は心ある市民らの手で自宅へと運ばれ、応急の手当を施された。家族から再入院を勧められたが、老舎はそれを固辞して、翌朝にはいつも通りの時間に家を出て、そのまま帰らぬ人となった。

老舎の遺体が発見されたのは二五日の早朝、場所は徳勝門外にある太平湖の後湖だった。

自殺にしては多すぎる不可解な点

当局は老舎の死を入水自裁と断定した。家族や友人たちは納得できなかったが、当時はとてもではないが当局に盾突くことなどできない状況にあった。

文化大革命終了後の一九七八年六月になって老舎の名誉回復がなされたが、死の真相に関する再捜査は行なわれず、本当に自殺だったのかどうかは藪の中のままとされた。

老舎の親戚知己や老舎の作品の愛読者であれば誰もが遺体発見場所に不審を覚えたに違いない、徳勝門は北京を囲む外城にあった城門の一つで、紫禁城の北西に位置していた。徳勝門外といえば現在の地下鉄二号線（環状線）の外側にあたり、現在でこそ容易に行けるが、一九六六年当時、老舎の住まいからそこへ行くのは容易なことではなかった。直線距離にして約六キロ。病み上がりな上に前日に激しいリンチを受けたばかりの身で、歩いてそこまで行ったとは考えられない。自主的に行ったとすれば、路線バスを乗り継いだか、通りがかりの自動車や自転車、荷車などに乗せてもらったかになるが、その間の目撃証言は皆無である。

移動手段もさることながら、自殺とするなら、なぜその場所を選んだかという問題がある。そこは老舎の作品に登場することもなく、老舎にとって特に思い入れのある地でもなかった。さまよい歩くうちにたまたま行き着いたにしては、自宅から離れすぎているし、目撃者が誰もいないというのも不自然である。

これらの疑問に納得のいく説明のできないことから、老舎の死を自殺ではなく変死と見る向きが現在も絶えないのである。

参考までに文化大革命が終結して四年後の一九八〇年一二月二〇日に発行された新聞『北京日報』には、北京市公安局の統計により、北京市では一九六六年の八月と九月だけで、紅衛兵のリンチによる死者が一七七二人、家財を没収された家は三万三六九五軒に及んだという。老舎のような変死者や自殺者も含めれば、その数は大幅に増えるに違いない。

アッティラの死の謎

「ゲルマン民族の大移動」を招いたフン族、その王の不可解な死

ゲルマン民族の大移動を招くきっかけとなったフン族の存在。彼らは中国の史書で言う北匈奴の後裔なのか。フン族の最盛期はアッティラが王を務めたときで、黒海北岸からライン川流域までを席巻した。それだけにアッティラの急死はさまざまな憶測を呼び、新婚初夜での腹上死説や暗殺説などが乱れ飛んだ。

謎多き遊牧民フン族

フン族とその王アッティラの名は、ヨーロッパでは長く悪魔の代名詞のごとく使用されてきた。それだけ彼らに与えたインパクトが大きかったわけで、のちのモンゴルが傘下の一部族タタールの名をとり、「タルタロス（ラテン語で「冥界」の意）」

と呼ばれたのといい勝負である。

フン族が何者かという論争は今なお決着を見ていないが、中国の史書に北匈奴《きょうど》の名で登場する遊牧集団の後裔とする説が古くから有力視されてきた。北匈奴は後漢との度重なる戦いに敗れ、紀元九一年には根拠地であるモンゴル高原北部のオルハン河畔を捨ててイリ地方(現在の新疆《しんきょう》ウイグル自治区北西部)に移る。そこでまた後漢との抗争に敗れ、二世紀の中頃にキルギス地方に西遷したのを最後に中国の史書から名前が消えた。

ヨーロッパにフン族が姿を現わすのが四世紀だから、時期的には符合する。地球規模の気候変動により、アジアの草原地帯では養える人口数は極端に減少した。そのため人びとは強いリーダーシップを持つ部族のもとに身を寄せ、西へと移動をしながら略奪を繰り返すことで膨張を続けた。

彼らが移動の果てに行き着いたのがヨーロッパの東部で、彼らの圧力に抗しきれず、ゲルマン民族の大移動が開始された。

以上が北匈奴=フン族説に立った歴史の流れだが、実のところ、匈奴という民族からして捉えどころの難しい存在だった。

これは他の遊牧民族にも共通することだが、匈奴と呼ばれたからと言って、そのすべてが匈奴であったわけではなく、匈奴が多数派であったとも限らない。部族集団のトップに匈奴が収まっていただけというのが実情なので、匈奴の指導層がトルコ系だったのかモンゴル系だったのかという点からして、容易に判断しかねるのが実情なのだ。

それに加え、場所は違えども遊牧民族の習俗には共通点が多く、一致点があるからといって共通の祖先を持つとは限らない。遺物に関しても同じことが言える。

とはいえ、匈奴とフン族がともにトルコ系の言語を話し、中国の五胡十六国時代《ごこじゅうろっこくじだい》、イラン系ソグドの商人が匈奴を指してフンと呼んでいたとの記録もあることから、北匈奴＝フン族説が非常に魅力的であることに変わりはない。イラン系をはじめ、さまざまな民族と婚姻を重ねてはいただろうが。

暗殺かそれとも腹上死か？

フン族の侵攻は止まるところを知らず、草原地帯を抜け、ヨーロッパ大陸に入り込んでからも猛威を振るい続けた。

四五一年には西ゴートやブルグンド、フランクなどのゲルマン諸部族を味方につけた西ローマ帝国とのカタラウヌムの戦いで敗れはしたが、すぐに態勢を立て直し、略奪の旅を継続した。

匈奴の衰退が始まるのはカタラウヌムの敗北ではなく、四五三年の指導者アッティラの急死を契機とした。

六世紀の人で、自称ゴート人出身の聖職者ヨルダネスは五世紀の外交官にして歴史家のプリスクスの記述に拠るとしながら、その著『ゴート史』のなかでアッティラの最期について次のように語る。

アッティラが死去したとき、イルディコという名の類い稀なる美女との結婚の準備の最中にあった。彼にはすでに数多くの妻がいたが、一夫多妻はフン族の習慣だった。婚礼の間、彼は非常なる喜びに我を忘れ、酒と眠気で朦朧《もうろう》とし、仰向けに寝た。通常、鼻血は鼻孔から流れ出るものだが、通常の流路を妨げられ、死に至る流路を取り、喉に流れ込んで彼を窒息させた。幾多の戦争によって栄光を勝ち得た王に酩酊が恥ずべき死をもたらしたのは、このような経緯によってであった。

この記述を文字通りに受け取ると、アッティラは新婚初夜に腹上死を遂げたこと

◆フン族の勢力図

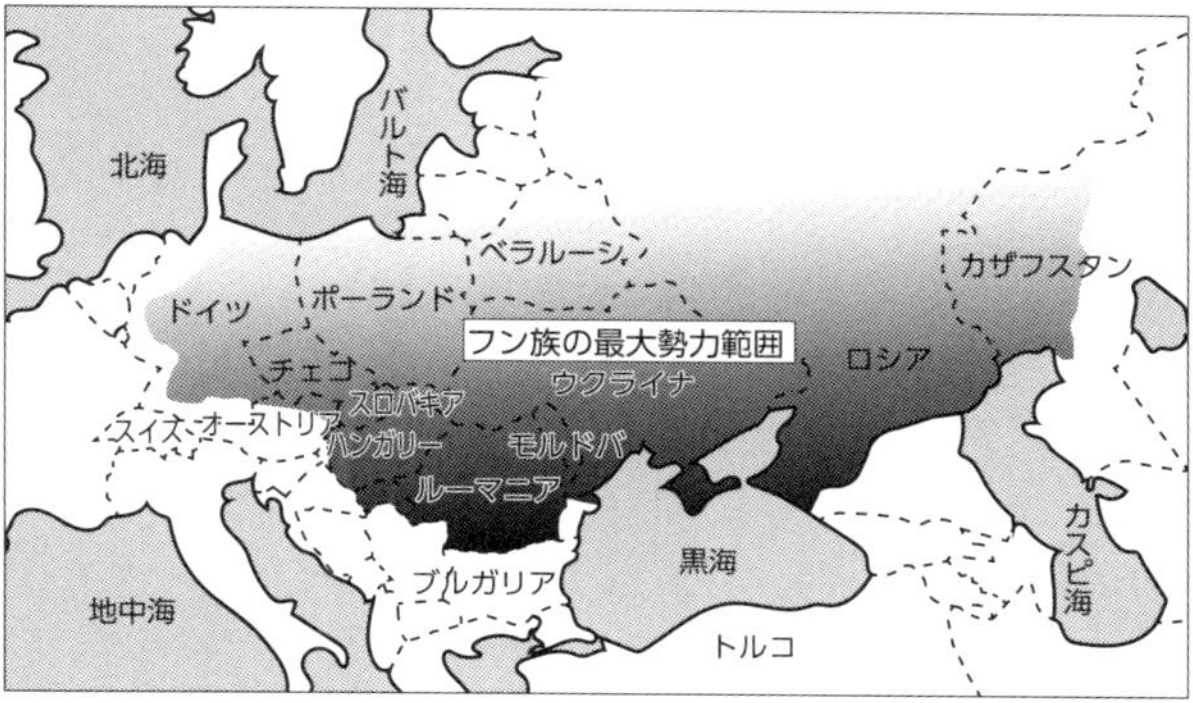

になる。正確には事に及ぶ前であるが、不名誉な死に方であることに変わりはない。

だが、これには異説もあって、同じく六世紀に生きたコメス・マルケニウスという人の著わした年代記には、「フン王にしてヨーロッパの侵略者アッティラは、夜間、刺殺された。一人の女の短刀で」と記した直後に、「しかしながら、彼が吐血によって死んだと主張する者もいる」と付け加えている。

また、同じく六世紀のヨアンネス・マラススはその著『世界史』のなかで、「アッティラの暗殺は護衛の一人によるものとするなど、アッティラの急死については早くから諸説入り乱れていたことがうかがえる。

真相が腹上死であれ暗殺であれ、当時のヨーロッパ人にとってアッティラの急死が朗報であったことは間違いない。事実、死を境にフン族の勢いはみるみる衰え、最盛時には黒海北岸からライン川流域にまで達していた領域がハンガリー平原のみにまで圧縮されてしまい、以降、二度とヨーロッパの脅威となることはなかった。

パリとローマが救われたのは神の加護？

当時のヨーロッパには単独でフン族に太刀打ちできる勢力は存在しなかった。最大勢力を誇ったビザンツ帝国からして、多額の金品や食料と引き換えに軍を返してもらい、ローマやパリなどの大都市でも同じ策を取った。

しかし、後世のキリスト教史家は筆を曲げ、パリでのフン族の撤収を聖女ジュヌヴィエーブ、ローマでのそれを教皇レオ1世による説得の賜物と書き立てた。

これより聖女ジュヌヴィエーブはパリの守護星人とされ、セーヌ川に架かるトゥルーネル橋の橋脚には高さ一五メートルもある彼女の像が立ち、パンテオン（フランスの偉人たちを祀る霊廟）の裏側、サント・ジュヌビエーブの丘に建つ教会には彼女の墓が納められている。

一方、レオ1世の活躍について、もっとも雄弁に物語るのはバチカン美術館のラファエロの間を飾る壁画《大教皇レオとアッティラの会見》である。このラファエロの絵画と教会史家の語るところでは、アッティラは身に寸鉄帯びず説得にやってきたレオに感銘を受け、無条件で軍を撤退したとしているが、疫病の蔓延に悩まされていたアッティラは長期の攻囲戦を嫌い、ローマ側の差し出した貢納だけで満足して引き上げたというのが真実に近いようである。

だが、当時存立の危機に立たされていたローマ教会としてはフン族側の事情はどうでもよく、このたびのフン族の撤収とアッティラの急死をともに神の加護として、アッティラの急死は神罰であり、「悪魔は神の代理人によって征服された」と、自分たちに都合のいいよう宣伝に努めたのだった。

第3章
教科書にない「動乱の内幕」

百年戦争の謎

「応仁の乱」より泥沼化した原因

フランスの諸侯のひとりがイングランド王を兼ね、フランスのカペー家と婚姻関係にもある…。日本の応仁の乱よりも長く続き、かつ泥沼化した百年戦争。そうなった要因はいったいどこにあるのか。フランス最大の諸侯であったブルゴーニュ公はなぜイングランド側に走ったか。そこには近代以降とは大いに異なる国家に対する概念が関係していた。

カペー朝の断絶がもたらした王位継承争い

中世に起きた英仏間の戦争は何度か休戦をはさみながら一〇〇年以上にわたって続いたため、百年戦争と呼ばれている。戦争は最初から最後まで現在のフランス本土を戦場としたが、そもそもこの戦争は何が原因で起こり、なぜ長期化したのか。

直接のきっかけは九八七年に始まるフランスのカペー朝が一三二八年に断絶して、傍系《ぼうけい》のヴァロワ家が跡を継いだのに対し、イングランドが異議を唱えたことにあった。

カペー朝最後の王はシャルル4世。その父フィリップ4世の弟でヴァロワ伯の家系が健在であったことから、王位はヴァロワ伯シャルルの子フィリップ6世へと継承された。ヴァロワ朝の始まりである。

ところで、フィリップ4世には三男一女があり、男系はすべて途絶えていたが、娘のイザベルだけは健在で、イングランド王エドワード2世との間に男子をもうけていた。それがのちのエドワード3世で、彼にしてみれば、血の濃さの点では自分こそフランス王に相応しい。そのためヴァロワ家による王位継承を認めず、一三三七年、武力による王位奪取を仕掛けたのだった。これが百年戦争の始まりである。

当時のイングランド王室はプランタジネット家、フランス語で言うアンジュー伯家で、英語名ヘンリー2世（在位一一五四～一一八九年）ことアンリ・ド・プランタジュネの代にはフランスの西半分とイングランドを直轄領としたうえ、ブルターニュ公領とスコットランド王国、アイルランドを勢力下に置くなど英仏海峡をまたぐ巨大勢力と化していた、歴史家のなかにはこれをアンジュー帝国と呼ぶ者も多い。

さかのぼれば、一〇六六年の「ノルマン征服」に始まり、イングランドはノルマン騎士たちの支配下に置かれるなど、英国史とフランス史は切っても切れない関係にあった。両国王侯間の婚姻も盛んであったことから、所領や地位の相続者が海の向こう側にいるのは珍しくはなく、エドワード3世の主張と行動は、あながち不当とは言えなかったのだった。

●ブルゴーニュ公がイングランドと同盟を締結

開戦当時、フランス王の直轄地はパリとロアール川河畔のオルレアンおよびそこから一〇〇キロ弱南のブールジュを結ぶ回廊だけにすぎず、支配領域の広さではフランドル地方からブルゴーニュ地方までを領するブルゴーニュ公国はもちろん、ブルターニュ公領やノルマンディ公領にも及ばなかった。当時のフランスは、のちのルイ14世時代とはほど遠い状態にあったのである。

外敵の侵攻があったときには、フランス王のもとに結集し、封建諸侯としての義務を果たす。それが決まりではあったが、百年戦争はそれに該当しないと考えられた。イングランドのプランタジネット朝はフランスのアンジュー伯家により築かれた王朝で、同家は婚姻によりフランス南西部のアキテーヌ公領をも手中にしていた。そのため当時のフランスではこれを英仏間の戦争と見るか、フランス国内の内戦と

◆フィリップ４世の系図

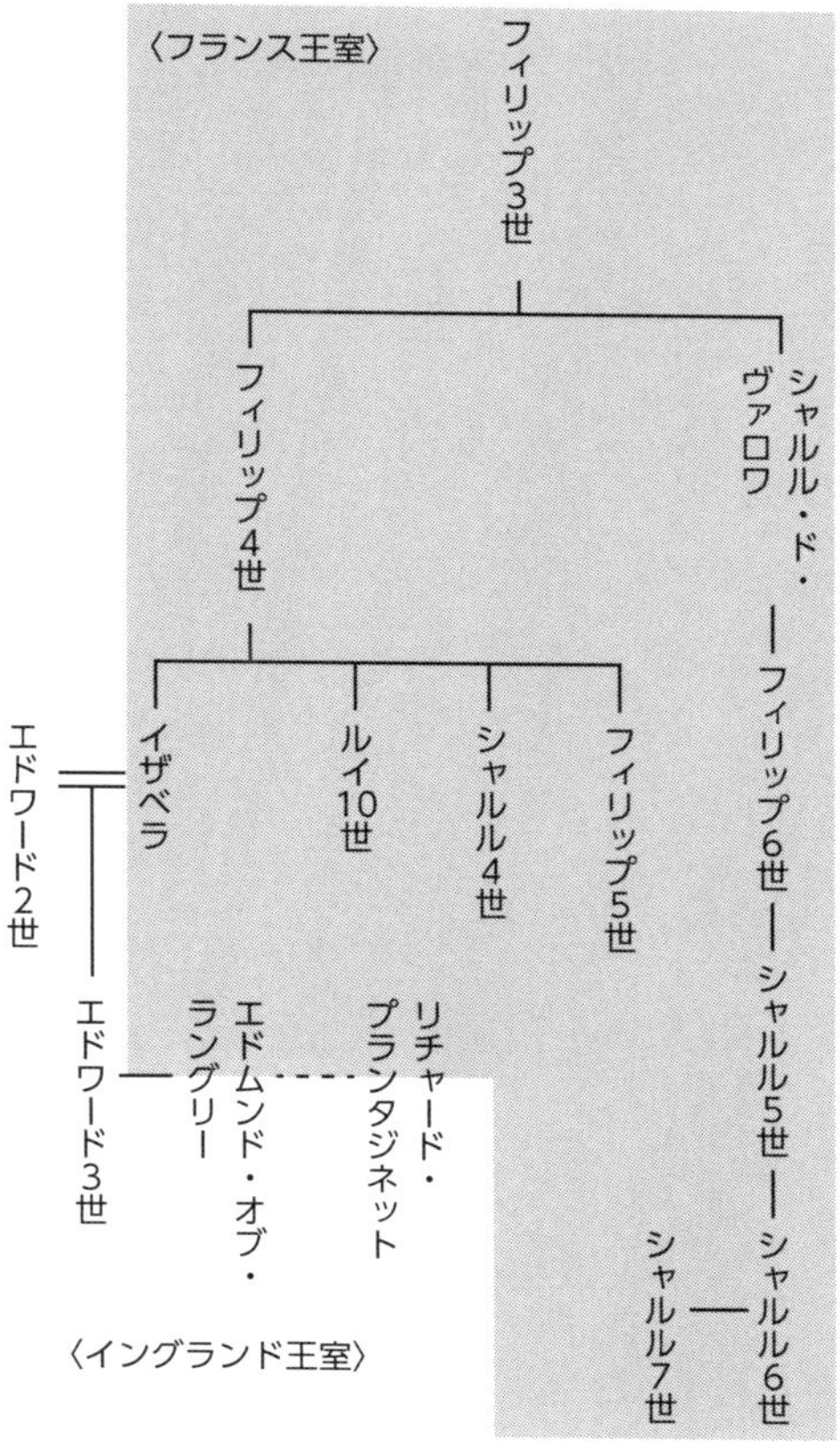

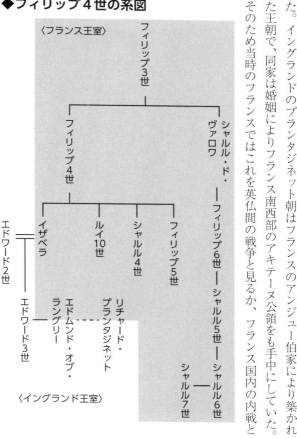

見るかで見解の一致が得られていなかったのだった。

　このような背景があるため、ブルゴーニュ公家の三代目フィリップがイングランドとの同盟に走っても、それを売国行為と避難する声は少なかった。ブルゴーニュがブドウとワインの名産地であるの対して、フランドルは毛織物加工を基幹産業とする商工業地帯。イングランドが羊毛を輸出して、毛織物製品とワインを代価としてもらう。両者は経済的にも深く結びついていたのだった。

　ワインといえば、アキテーヌ公領のボルドーもワインの生産と輸出で知られた河港都市。ブドウ栽培に適さず、ワインの国産化が不可能なイングランドとしては、ボルドーを要するアキテーヌ公領も手放したくない土地であった。

　イングランド陣営が比較的まとまっていたのに対し、フランス側は結束力に乏しく、そのままいけば、イングランドとブルゴーキュ公国により分割されかねなかった。国家という概念が希薄な状況では仕方ない流れではあり、形勢を挽回するにはもはや神頼みするしかないのが実情でもあった。

　立案者と綿密な計略が練られたのかは知る由もないが、フランス王太子のシャルル（のちのシャルル7世）が窮地に立たされ、ロワール川中流の要衝オルレアンを失えば、もはや捨て身の決戦を挑むしかない状況下、救世主のごとく現われたのが、まだ二十歳にも満たない乙女ジャンヌ・ダルクだった。

彼女は神の声に導かれるまま行動に出たというが、それが幻聴であろうがシャルルにとってはどうでもよく、神がかった乙女が現われたことで士気が高まり、オルレアンの解放に成功した事実こそが重要だった。神が自分に味方した、フランスを救うためにひとりの乙女を遣わしたとの風聞を広めれば、形勢も変わる。現実の流れもそのように推移して、一四五三年、フランスは長く続いた戦争を勝利のうちに終えるのだった。

ジャンヌ・ダルクが現われる以前、イングランドは終始戦いを有利に進めながら、勝ち切ることができなかった。その理由はイングランドの国内事情にあった。ペストの大流行に加え、戦費調達のための重税が各方面の反発を呼んでいたからである。

ペストによる死者と兵士としての動員で農村部は慢性的な人出不足に陥り、生産力が激減。消費も冷え込むなかで税の取り立てだけは厳しさを増したのだから、反発が強まるのも無理はなかった。一三八一年にはワット・タイラーの乱という農民一揆も起きている。

第一次世界大戦の起源の謎

そもそもオーストリア大公は、なぜ危険なサラエボに？

一九一四年六月二八日、オーストリア＝ハンガリーの帝位継承者フランツ・フェルディナント大公夫妻が、ボスニア＝ヘルツェゴビナのサラエボで暗殺された。このサラエボ事件をきっかけとして第一次世界大戦が勃発するのであるが、民族問題で不穏な情勢にあるのを知りながら、彼ら夫妻はなぜサラエボに赴いたのか。

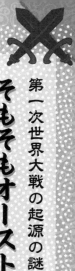

消去法で選ばれた継承者

第一次世界大戦勃発の直接の原因はサラエボ事件にあった。それは高校の歴史教科書にも出てくることだが、その場所が現在のボスニア・ヘルツェゴヴィナの首都で、暗殺されたのがオーストリア＝ハンガリー二重帝国の帝位継承者夫妻という説明に違和感を覚えた人が多いのではなかろうか。

ボスニア内戦が記憶に新しい世代は、ボスニア・ヘルツェゴヴィナが民族的にも宗教的にも非常にデリケートな地域であることを承知している。程度の差こそあれ、現地事情は事件当時も今もさして変わらず、そんな危険なところになぜ夫妻は出かけていったのか。また、なぜ皇太子夫妻ではなく、帝位継承者夫妻と表現されるのかと疑問を感じる人もいるのではないか。以上の諸点を明らかにする鍵はすべて、皇帝の座を世襲してきたハプスブルク家のお家事情にあった。

オーストリア・ハプスブルク家は一八四八年一二月に即位したフランツ・ヨーゼフの治下にかつてない激動を経験する。長年ドイツの中心であり続けていたところが、新興勢力プロイセンの台頭に押されるばかりで、一八六六年のプロイセンとの戦争ではあえなく敗れ、その翌年にはハンガリーとの二重帝国、すなわちフランツ・ヨーゼフがオーストリアとハンガリーの君主を兼ねるという形の帝国再編を余儀なくされた。従属の民であったハンガリーのマジャール人にオーストリア人と同等の地位を認める。ハンガリー人の協力を得ることで、大国としての地位を守ろうとしたのである。

ただでさえ心労の多いフランツ・ヨーゼフをさらに数々の不幸が襲った。一八六七年にはメキシコ皇帝となった次弟のマクシミリアンが現地勢力の手で夫婦そろって処刑され、一八八九年には唯一の男子であったルドルフが愛人であった踊り子と心中を遂げる。一八九八年には最愛の妻エリーザベトが無政府主義者の手で暗殺されるなど、フランツ・ヨーゼフの後半生はまるで死神に取りつかれでもしたかのようだった。

だが、フランツ・ヨーゼフには悲しみに浸っている余裕はなく、新たな後継者を決めておかなければならなかった。男系を優先する限り、三弟のカール・ルードヴィヒか末弟のルードヴィヒ・ビクトールとなるが、ビクトールの性癖に問題があるというので最初から問題外だった。となればカール・ルードヴィヒの血筋しか残らないが、当人にはその気がまったくなく、人望にも欠けたことから、候補は彼の息子三人に絞られた。

カール・ルードヴィヒの息子は上からフランツ・フェルディナント、オットー、フェルディナント・カールと続いたが、オットーは手に負えない遊び人で、フェルディナント・カールは地位よりも愛情に走り、貴賤婚を強行したために宗家の名簿から外され、一市民として生きる道を選んだ。かくして後継者となるべき男子はフランツ・フェルディナントしかいなかったのだった。

老帝と帝位継承者の対立

フランツ・フェルディナントはよく言えば生真面目、悪く行けば直情径行型の実に面倒な人物。フランツ・ヨーゼフとは正反対の性格の持ち主で、内政外交ともにフランツ・ヨーゼフとは真っ向から対立した。

フランツ・ヨーゼフはプロイセンとの直接対決に敗れ、ドイツ統一から排除された身。そこでやむなくマジャール人の協力を仰ぎ、チェコ人、ユダヤ人、スラヴ系諸民族を支配する多民族国家に活路を見出そうとしていた。ところが、フランツ・フェルディナントは老帝の気苦労などお構いなしに、いたずらにオーストリア精神の高揚を鼓舞したかと思えば、皇帝の対ハンガリー政策は手ぬるいとして、マジャール人をチェコ人やユダヤ人と同じく、従属民族として扱うべきとの考えを繰り返した。

ドイツ皇帝ヴィルヘルム2世との関係も両極端で、フランツ・ヨーゼフがこれを仇敵とし続けていたのに対し、フランツ・フェルディナントは同じ民族というので、親しい接触を繰り返していた。

このように両者の関係がギクシャクしているところへ、フランツ・フェルディナントの熱愛問題が発覚した。結婚をして世継ぎをもうけるのはよいとして、問題は相手方の身分がハプスブルク家当主の妻として相応しいかどうかにあった。

結論を先にいえば、フランツ・フェルディナントが希望したのは貴賤結婚だった。相手の女性はフランツ・ヨーゼフの遠縁にあたるフリードリヒ大公の妃イザベラに仕えるゾフィー・ホテクという名の女官だった。ボヘミアの伯爵家令嬢だから、一般庶民からすれば貴族の家柄だが、皇帝への拝謁もかなわない伯爵家出身ではハプスブルク家に嫁入りする女性としては役不足だった。

フランツ・ヨーゼフは二人の結婚に断固反対して、フランツ・フェルディナントに対し、「帝冠をとるか結婚をとるか」と迫るが、フランツ・フェルディナントも負けてはいない。長引かせてフランツ・ヨーゼフの自然死を待てば、黙っていても両方が得られることから、徹底抗戦の構えを貫いた。

フランツ・ヨーゼフとしては不本意ながら、オットーを後継者に据える選択肢が

◆ハプスブルク家系図

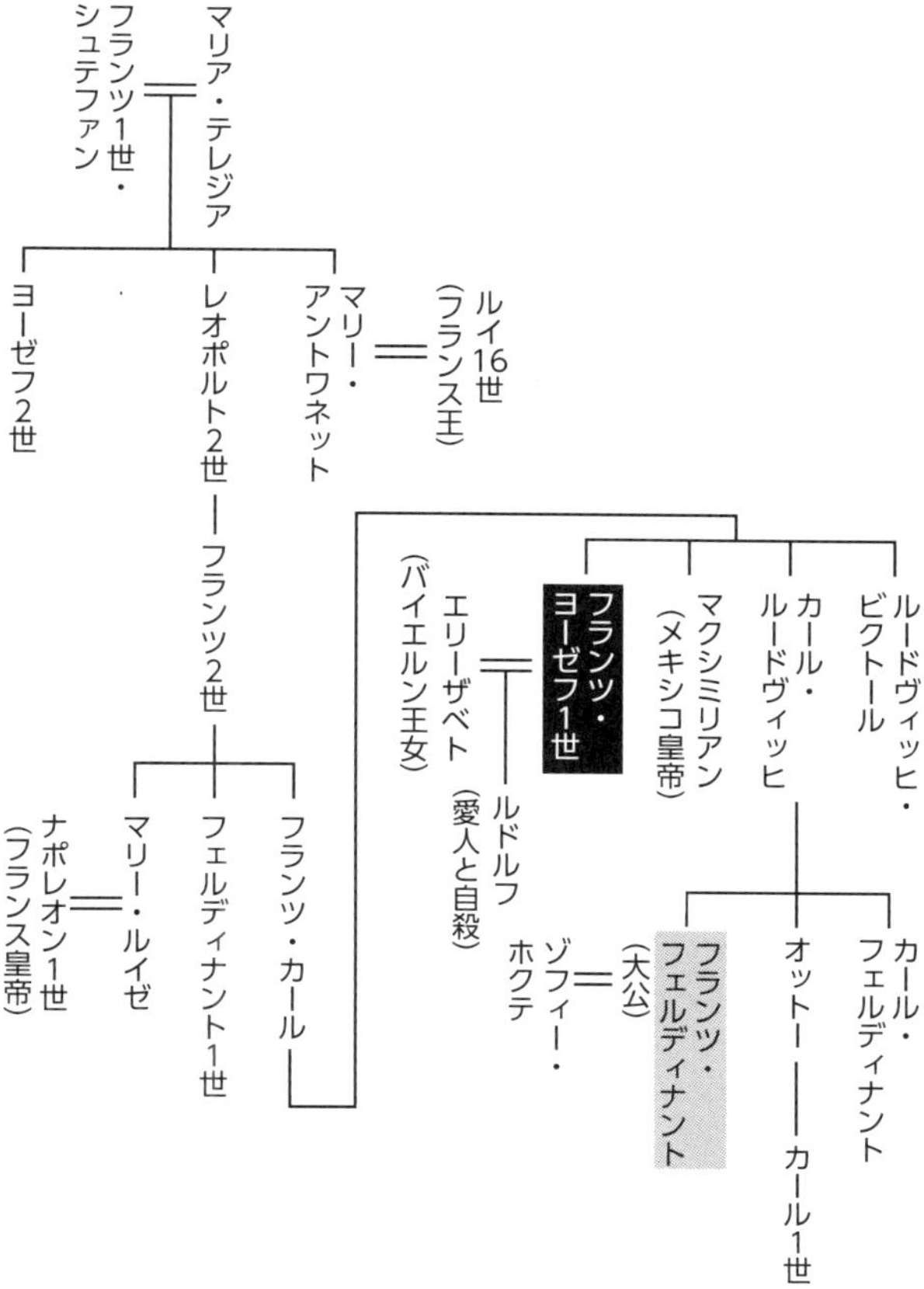
マリア・テレジア
フランツ1世・シュテファン
ヨーゼフ2世
レオポルト2世
マリー・アントワネット
ルイ16世（フランス王）
フランツ2世
マリー・ルイゼ
ナポレオン1世（フランス皇帝）
フェルディナント1世
フランツ・カール
フランツ・ヨーゼフ1世
エリーザベト（バイエルン王女）
ルドルフ（愛人と自殺）
マクシミリアン（メキシコ皇帝）
カール・ルードヴィッヒ
ルードヴィッヒ・ビクトール
フランツ・フェルディナント（大公）
ゾフィー・ホクテ
オットー
カール1世
カール・フェルディナント

脳裏をよぎった。フランツ・フェルディナントもそれを察して不安を感じていたところ、フランツ・フェルディナントにとっては義母、フランツ・ヨーゼフには義妹にあたるマリア・テレジアが調停に立ち、帝位継承権と結婚は認めるが、さまざまな権利を放棄させるということで話がまとまった。

かくして一九〇〇年六月二八日、重臣たちの居並ぶなかで、フランツ・フェルディナントは、「妃にも、この結婚から生まれる子供たちにも、さらにはその子孫たちにも、他の大公方の妃や子供たちと同等の権利、栄誉、称号、紋章、特典などは与えられず、請求することもできない」と諸権利の放棄を宣言。その代償として、三日後に挙式を挙げるのだが、参列者の列には新婦側の親族しか見当たらなかった。

●最悪の日に最悪の場所へ

ゾフィー・ホテクには侯爵夫人の肩書が贈られるが、公式の場では夫と同席することは許されず、離れ離れでいなければならなかった。

諸権利の放棄を宣言したからは仕方のないことだが、外遊に出れば事情が違った。次期皇帝の機嫌を取るにはゾフィー・ホテクを持ち上げさえすればよい。周辺諸国はこぞってそう考え、彼女を皇太子夫人と同格にもてなしてくれた。

やがてフランツ・ヨーゼフも少し酷に過ぎたと思い直したか、併合して間もないボスニア・ヘルツェゴヴィナにおいて実施する軍事演習にフランツ・フェルディナントを派遣するにあたり、ゾフィー・ホテクを夫人として同伴することを許可した。

国内における公式行事に初めて同席できるとあって、二人は嬉々としてサラエボに赴いた。そこに黒い魔手が待ち受けているとは考えもせずに。

当時のボスニア・ヘルツェゴヴィナでは、セルビア人やクロアチア人など、南スラヴ系諸民族による地下活動が盛んで、「黒手組《くろてぐみ》（統一か死か）」という秘密結社から武器や資金の援助を得て、要人暗殺の機会をうかがう者たちも存在した。フランツ・フェルディナント夫妻はまさにその火中に跳び込んだかっこうだった。

六月二八日というのはセルビア人にとっては特別な日だった。バルカン諸国連合軍がオスマン軍に敗れ、多くのセルビア貴族が処刑されたのが一三八九年のその日だったからだ。現地の不穏な情勢をフランツ・フェルディナントの耳に入れた者もいたかもしれないが、有頂天の状態にある彼の耳には雑音としか聞こえなかったのかもしれない。

辛亥革命の謎

中華民国樹立後、すぐに孫文が辞職した真相

孫文らによる度重なる武装蜂起が功を奏して、一九一一年一〇月に起きた武昌蜂起は全国に波及。清王朝を絶体絶命の窮地へと追いやった。革命派は孫文を新政権のトップに据えるが、何と孫文はその職をすぐさま、清のラストエンペラーから後事を託された袁世凱に譲ってしまう。いったい裏でどんな取引が行なわれていたのか。

孫文はなぜ総統職を譲ったのか

十月十日は双十節《そうじゅっせつ》と呼ばれ、台湾では建国記念日として扱われる。一九一一の同日勃発した武昌蜂起《ぶしょうほうき》をきっかけに「辛亥革命」が起こり、清王朝のラストエンペラー溥儀の退位と、アジアで最初の共和国・中華民国の誕生を促したのだから。

台湾では「国父」の尊称を贈られている革命運動の指導者・孫文は、武昌蜂起の成功を、資金集めのため訪れていたアメリカで知った。列車での移動中に目にした新聞で。

しかし、孫文は慌てて帰国の途に就くことなく、予定通りヨーロッパでも資金集めに奔走した後、同年一二月二五日になってようやく上海の土を踏んだ。翌年一月一日には臨時総統に就任して、アジア初の共和国である中華民国の樹立を宣言するが、それも束の間、二月一三日には辞表を提出。後任に清王朝の最高実力者と化した袁世凱《えんせいがい》を推薦している。いったいこの四〇余日間に裏で何があったのか。

それを説く前に革命派の系譜と清王朝の内実について説明しておかなければならない。孫文が革命運動に身を投じたのは、一八九四年の興中会《こうちゅうかい》結成を嚆矢とする。以来何度か武装蜂起を試みたが、ことごとく失敗に終わる。

時に革命団体は雨後の筍のごとくたくさんあったが、ばらばらに活動していたのでは効果がおぼつかない。そこで一九〇五年には、広東・広西出身者からなる興中会と湖北・湖南出身者からなる華興会《かこうかい》が合同して中国同盟会を結成。これに江蘇《こうそ》・浙江《せっこう》出身者からなる光復会《こうふくかい》のなかの希望者だけが合流するかたちとなった。

中国同盟会のトップには革命運動の最古参で武装蜂起の実績も重ね、華僑世界とも太いパイプを持つ孫文が座ったが、天地会《てんちかい》のようなヤクザまがいの秘密結社を武力として頼み、辺境での武装蜂起に拘る孫文のやり方に対し、旧華興会系の会員は不満を募らせていた。孫文としては、動員可能な武力は秘密結社以外になく、華僑からの資金と武器援助を受け取る都合上、また失敗に終わったときの逃走経路確保のためにも、辺境での蜂起以外に選択肢はないとの考えでいた。

それに対して旧華興会系の会員たちは、秘密結社は頼りにならず、いくら辺境で事を起こしても、清王朝にとっての打撃とはならない。成果を期待するなら、新軍の兵士を味方につけ、より北京に近くかつ経済の中心でもある長江中下流域こそ蜂起の場所に相応しいとの考えを提示していた。

ここに出た新軍とは新建陸軍の略で、義和団事件と八カ国連合軍による北京進駐を経て、本格的な改革に向けてようやく重い腰を上げた清王朝の中枢が西洋人顧問を招聘してつくらせた洋式軍隊で、そのなかでも北京を守る精鋭として結成された部隊は北洋六鎮（鎮は師団に相当）と呼ばれ、直隷総督の袁世凱がその指揮を任されていた。

広州の中山記念堂と孫文像

なかなか腰をあげない食わせ者

新軍の創設は地方でも進められたが、中堅将校の多くは日本留学を経験しており、その間に革命派に感化され、秘密会員となる者が少なくなかった。

一九一一年の一〇月一〇日、長江中流域の要衝・武漢で武装蜂起を起こしたのも、秘密会員たちが指揮する新軍部隊だった。

武漢は武漢三鎮とも呼ばれる。長江とその支流で区切られた武昌《ぶしょう》・漢口《かんこう》・漢陽《かんよう》の三地区からなるからで、武装蜂起が起きたのはそのうちの武昌だった。革命の波は瞬く間に他の省にも波及し、華南のすべての省と華北の一部の省が革命派の手に落ち、清王朝からの独立を宣言していた。

これより前、袁世凱は失脚をさせられ、故郷に逼塞《ひっそく》していた。漢人に精鋭を預けておくのは危険だとして、歩行が困難なほど足の病気がひどいとして、故郷である河南省安陽に帰り、治療に専念するよう命じられていたのである。

けれども、北洋六鎮の統制（師団長に相当）はみな袁世凱の息のかかった者たち。袁世凱は彼らとの連絡を絶やさず、再起の日を待ち続けた。

そこへもってきて起きたのが武昌蜂起で、清王朝はこれを鎮圧するため、満州貴族を司令官とし、北洋六鎮のうち二鎮を差し向けることにした。

しかし、武漢を目前にして、二鎮の部隊は進軍を停止。サボタージュを始めた。満州貴族がいくら叱咤厳命しても、梃子でも動こうとしない。そうこうするうち、北京周辺でも不穏な空気が濃度を増したことから、清王朝中枢としても姿勢を改めるほかなく、袁世凱の再起用を決めたのだった。

袁世凱もさるもので、すぐには腰を挙げようとはしなかった。討伐軍の指揮権だけでは満足せず、足の病を理由にして、より多くを得ようとした。挙句の果て、政治の大権をも授与されるに及び、ようやく出馬を肯じたのだった。

革命派には致命的な弱点が

袁世凱の復帰を受けて北洋二鎮も進軍を始め、瞬く間に漢口と漢陽を陥落させたが、革命軍も江東で力を結集させ、長江下流域で最大の要衝、南京を手中にした。

一九一一年一一月末時点の形勢はほぼ互角と言ってよかった。人心はすでに清王朝から離れ、皇帝政治そのものとの決別も欲していた。革命派には明らかに勢いがあったが、反面、大きな弱点も抱えていた。軍資金が底を尽き、戦闘の継続が困難になりつつあったのである。銃砲弾の補給や兵士への給与の支払いが滞れば、これまでの戦果がすべて台無しになりかねない。革命軍のなかでも半数近くは党員ではなく、食糧の提供や給与の支払いが滞れば、戦線離脱の恐れがあったのだった。

袁世凱のほうでも頃合いを注視していた。北洋六鎮を総動員しても革命派を完全に鎮圧するには足りず、一方で人心は清王朝と皇帝政治を見限っている。となれば、ここは漁夫の利に走るのが得策と思われた。

かくして袁世凱と革命派の水面下での交渉が本格化し、清王朝を終焉させたならば、国家元首の座を袁世凱に譲るということで合意に達した。

清王朝中枢にはこの期に及んでも強硬論を叫ぶ者がいたが、革命派による爆弾テロでその急先鋒が暗殺されるに及び、もはや徹底抗戦を叫ぶ者はひとりもおらず、一九一二年二月一二日、皇帝溥儀《ふぎ》が退位と袁世凱に政権を託することを宣言。ここに清王朝と秦の始皇帝に始まる皇帝政治も終わりを告げたのだった。

以上を確認したうえ、革命陣営でも同月一五日に開催された臨時参議院において、袁世凱の臨時総統就任を満場一致で可決。辛亥革命は一応の終結を見たのだった。

革命家レーニンの謎

亡命に利用された「封印列車」の正体

ロシアの革命家レーニンは危険人物としてマークされ、スイスでの亡命生活を余儀なくされていた。そこに第一次世界大戦が勃発。東西二正面作戦を解消したいドイツ軍参謀本部は、レーニンら亡命ロシア人に利用価値ありと判断して、彼らの帰国に便宜を図ることにした。「封印列車」という特別な列車を用立ててくれたのである。

一致したレーニンとドイツ軍参謀本部の思惑

サラエボ事件が起きたのは一九一四年六月二八日。翌月二三日、オーストリア＝ハンガリーがセルビアに宣戦布告をしたことで、第一次世界大戦の始まりとなる。ドイツもオーストリア＝ハンガリーとの同盟に基づき、八月一日、総動員令を発布するとともに、セルビアと同盟関係にあるロシアに対して宣戦布告を行なった。

第一次世界大戦の一方の当事者はイギリス、フランス、ロシアで、もう一方の当事者はドイツ、オーストリア＝ハンガリー、オスマンの三大帝国だったが、オーストリア＝ハンガリーとオスマンには昔日の勢いはなく、多くを期待することはできなかった。そのためドイツは西部戦線で英仏両軍、東部戦線でロシア軍を相手にする二正面作戦を余儀なくされた。

一八七一年の統一達成と帝国成立以来、急成長を遂げてきたドイツであるが、さすがに二正面作戦はきつく、どちらか一方に専念したかった。

西部戦線は死傷者が増えるばかりの消耗戦で、どちらも譲らない戦況にあり、英仏が相手では裏工作のしようもなかった。乗ずべき余地があるのは、東部戦線のロシアだった。

当時のロシアはロマノフ朝による帝政下にあり、一九〇五年に革命運動が起きたばかりで、反体制活動家の数は少なくなかった。戦争中なのでスパイを送り込むのは至難の業だが、亡命ロシア人を帰還させるのであれば不可能ではなかった。ドイツの思惑通りに動いてくれる人物はいないものか。このときドイツ軍参謀本部が目をつけたのが、スイスに亡命中のレーニンを始めとする社会主義の革命家たちだった。

ドイツ軍参謀本部からの話はレーニンにとって渡りに舟だった。通常の手段での帰国は無理だが、ドイツ参謀本部が手を貸してくれるのであれば光明が見える。かくして両者の利害が一致したことから、レーニンを含む総勢三二人の革命家が、「封印列車」という特別な車両に乗り込み、北欧経由でロシアに帰国することとなったのである。

「封印列車」の名は途中下車も他の車両に移動することもできないようにされていたことに拠る。ドイツ国内で下車して、共産主義の宣伝などをされては困る。そのため移動の自由を奪ったうえでの送還となったのだった。

出発に先立ち、ドイツ軍参謀本部の側からレーニンに対し、何をしてくれという特別な要求はなかった。それはドイツ軍参謀本部がするまでもないと判断したからで、事実、レーニンはドイツ軍参謀本部が期待した通りの動きをしてくれた。

ロシアの戦線離脱

時にロシアは一九一七年二月の二月革命（三月革命）を経て、弁護士出身で、穏健な農民派政党トルトゥヴィキ所属のケレンスキーを首班とする臨時政府が成立していたが、一九〇三年に結成されたロシア社会民主労働党の後裔であるボリシェヴィキの煽動のもと、労働者と兵士代表からなるソビエトという権力機関が臨時政府を無視し続けていたことから、帝都ペテログラード（現在のサンクトペテルブルク）に限れば、二重権力の状態にあった。

ただでさえ不安定なところへ、急進派のレーニンが帰国したのだから、事態が動かないはずはなく、二月には二万五〇〇〇人しかいなかったボリシェヴィキ党員が七月には十倍以上の二四万人にも膨れ上がることとなった。

臨時政府は政治犯の大赦、言論・出版・集会・結社の自由、身分制の廃止、宗教的・民族的差別の撤廃などを実現させていたが、当時の国民がもっとも切実に望んでいた平和に関しては、手を加えることができずにいた。即時平和を求めるなら、ドイツに降伏するか、圧倒的に不利な条件での講和を結ぶしか選択の余地がなかったからである。

第一次世界大戦で最大の恩恵を被った男レーニン

結局のところ、ケレンスキーの臨時政府はソビエトに煽動された大衆の不満を抑えることができず、十月革命（一一月革命）を前にしてなす術を知らず、退陣を余儀なくされた。

それからまもなく実施された選挙で、ボリシェヴィキは二五パーセントの票しか獲得できず、第一党になったのは五八パーセントを獲得したエス・エル党という農民社会主義を掲げる革命政党だった。

そのままエス・エル党主導の政権ができていれば、歴史は大きく変わっていただろう。だが、レーニンが起こした政変により、エス・エル党は駆逐され、ボリシェヴィキによる独裁政権が成立する。

そこにいたってようやく、レーニンはドイツ軍参謀本部の意に適う行動に出た。即時停戦を実現すべく、講和に向けた話し合いを開始させたのである。

当然ながら、ドイツ側の要求は厳しかったが、大衆に約束した手前、レーニンにはそれを拒むという選択肢はなく、かくして一九一八年三月三日、ブレスト・リトフスク条約が締結されたのだった。

それは、クールラント（現在のラトビア西部）とリトアニア、ウクライナの全部、ベラルーシの一部、小アジア北東部のカルス、アルダハン、バトゥーミに対する権利を放棄するというもので、苦渋の選択という言葉がぴったりの決断だった。

しかしながら、ドイツが敗色濃厚となり、国内で革命が起きるに及んで、レーニンは掌を翻す。ブレスト・リトフスク条約の破棄を通告したのである。大戦がドイツの敗北で終わると、ヴェルサイユ会議の席上、ドイツ代表が同条約の失効を認めたことから、条約は正式に効力を失った。

東部戦線の兵を西部にまわすことができるようになったはずなのに、なぜドイツは敗れたのか。それはアメリカの参戦に原因があった。疲れ切ったドイツ軍には元気いっぱいの新手に抗すべき力が残っていなかったのだった。

第二次世界大戦の謎

ヴェールに包まれたマフィアの暗躍

第二次世界大戦において、イタリアの独裁者ムッソリーニはヒトラーのナチス・ドイツと手を組んだ、対する連合国軍はアフリカからドイツ・イタリア軍を撃滅したのち、ヨーロッパ上陸の最初の地点としてシチリア島を選んだ。その際、内応者として選んだのは、ムッソリーニに深い恨みを抱くマフィアだった。

シチリアの影の支配者

現在では犯罪組織の代名詞と化しているマフィアだが、元来はシチリア島のそれを指す固有名詞で、その歴史は一八六一年のイタリア王国樹立にさかのぼる。

西ローマ帝国の衰退以来、統一されることのなかったイタリア。それだけに南北間の相違は大きく、シチリア島となればなおさらだった。シチリア島の住民にしてみれば、イタリア統一はよそ者の支配に置かれたに等しく、素直に従う気にはなれなかった。そこで生まれた自治組織がマフィアの原型と考えられる。最初から犯罪組織であったわけではなく、中央政府に対するレジスタンス運動に由来するのだった。

ムッソリーニが「ローマ進軍」による圧力で首相の座についた一九二二年時点、シチリアは新旧マフィアの交代期に当たっていた。大土地所有者からなる旧マフィアに対し、新マフィアは大戦中に下層からのしあがった者たち。派手な武闘にこそ至らなかったが、時流を知るという点では明らかに新マフィアが優っていた。

一九二五年四月に実施された地方選挙は、新旧マフィアの代理戦争となった。結果、旧マフィアを支持基盤とする候補が敗れ、シチリアにおける主導権は完全に新マフィアへと移るのだった。

マフィアとファシスト党を率いるムッソリーニ。過激なナショナリストとシチリアを国の中の国と見るマフィアがいつまでも仲良くやっていけるはずはなく、同年五月、ムッソリーニが戦艦ダンテ・アリギエーリゴウ号に乗り、シチリアを訪問したとき、緊張をはらむ事態が生じた。

　パレルモでの街頭行進を終えた後、ムッソリーニが近くの町を訪れたいと言い出した。そこで選ばれたのがマフィアの巣窟と言われるピアーナ・ディ・グレーチという町で、同町に到着したムッソリーニは町長のクッチアを同乗させ、車で町をまわることにしたが、その両脇には護衛のオートバイが並走していた。それを見てクッチアの発した次の言葉にムッソリーニは耳を疑ったに違いない。

「この大勢の警察官は何ですか？　わたしといれば何も心配はいりません。この町でわたしの命令に従わない者はいないのですから」

　ムッソリーニが申し出を拒絶すると、クッチアは意地の悪い報復をした。ムッソリーニが演説をしようと町役場のバルコニーに立ったところ、聴衆は数十人しかいなかった。

　完全に気分を害したのか、ムッソリーニは二週間の予定を繰り上げ、上陸から五日目にシチリアを後にしたのだった。

独裁者に報復を

ピアーナ・ディ・グレーチでの恥辱が直接の原因なのか、翌年一〇月、ムッソリーニはチェーザレ・モーリという人物をパレルモ知事に任命すると、徹底したマフィア撲滅作戦を実行させた。

地元の警察は当てにならないことから、モーリは本土から呼び寄せた憲兵、ファシスト義勇兵、警官などを使い、法の範囲を逸脱することも辞せず、マフィアのメンバーか共犯者と目される者を手当たり次第検挙し、「鉄の知事」の異名をとることになる。

その成果に満足したムッソリーニは一九二七年五月二七日に行なった演説の中にマフィアに対する勝利宣言を盛り込んだ。モーリは引き続き地下に潜行したマフィアの撲滅に取り組むつもりでいたが、翌年一二月、マフィア撲滅の功労として上院議員に任命され、パレルモ知事の職を解任されてしまった。マフィアをとことん追い詰めることを危険と感じたムッソリーニが、融和政策に転じたのだった。

だが、時すでに遅く、地下に潜行したマフィアの生き残りは静かに報復の機会を待っていた。

第二次世界大戦が勃発して、連合国が優位に立つに及び、とうとうその機会が訪れた。アメリカを中心とする連合国が、ヨーロッパにおける最初の反抗上陸地点としてシチリアを選んだのである。

連合国側では単独でも勝利は確実と踏んでいたが、できるのであれば、損害を最小限に抑えたかった。そのためには白黒などに構ってはおられず、アメリカ在住のシチリア移民をひそかに上陸させ、マフィアに内応を持ち掛けた。

マフィアにとってもこれは願ってもない話で、断る道理はなかった。かくして迎えた一九四三年七月十日、連合国の上陸作戦は滞りなく行われた。先陣を務めたのはシチリア移民からなる部隊で、味方であることを示す目印には「L」の字の記された黄色いハンカチが利用された。

占領後の統治においても、連合国はマフィアを利用した。投獄されていた者たちを町長や村長に任命したことから、シチリアにおけるマフィアの存在と力はさらに堅固となるのだった。

フリーメーソンの謎

フランス革命、トルコ建国…、この組織の隠れた功労

世界を陰で操る秘密結社。フリーメーソンのイメージをそのように定着させたのは教会や全体主義国家だった。実際は中世イギリスの石工集団に始まり、フリーメーソンを名乗るようになったのは一八世紀初頭のこと。間口を広げたことにより政治色を帯び始め、フランス革命だけでなく、イタリア統一運動やトルコ革命にも関与した。

石工のギルドに始まる博愛団体

フリーメーソンは秘密結社ではない。

いきなり何をと思われるかもしれないが、この点は最初にはっきりさせておかなければならない。フリーメーソンに謎めいた部分があるのは事実だが、それは本邦

で発展した密教同じく、儀礼の上で非公開な部分があるだけで、その他の点はロータリークラブとさしたる違いのないのが実情だった。

フリーメーソンの起源については諸説あるが、中世のイギリス発祥という説がもっとも有力とされる。一三六〇年のウィンザー城再建に際し、王命により諸侯から徴用された五六八人の石工集団を起源とするというのである。フリーメーソンの名そのものが「自由な石工」を意味することから、その起源が石工のギルド（特権的同業者組合）にあることは間違いなかろう。

そう言われてもピンとこない読者が多いだろうが、それは資本主義社会の現在の価値観に縛られているためで、中世のヨーロッパでは職業や金融業は賤しい商売と見なされ、それとは逆に親方クラスの職人は社会的地位の高い存在だった背景があるのだ。

貴族には及ばないまでも、それに次ぐ階層と位置づけられ、教会か王侯の特権的な庇護のもと、さまざまな義務を免除される立場にいた。

しかし、教会の権威が低下して、石工の活躍の場が減少するのにともない、組織の構成員も多様化した。一八世紀初頭、フリーメーソンの名が定められた頃には秘儀の要素や社会的な使命を兼ね備えた博愛主義団体と化していた。活動はロッジと称される支部単位を基本としたが、それは本来、大きな建築現場に職人たちのために設けられた「普請小屋」を意味する言葉だった。

目指すところは、世界市民的博愛、自由、平等の実現で、政治的全体主義や排他主義、狂信などは排除すべきものとされた。

フランス革命とイタリア統一への関与

政治的な理念が掲げられたからといって、イギリスで誕生した時点のフリーメーソンが政治活動を行なうことはなかった。

それが始まるのはフリーメーソンのロッジがヨーロッパ大陸でも続々と誕生してからのことで、フランスのグラントリアン（大東社《だいとうしゃ》）やバイエルンの啓明結社《けいめいけっしゃ》（バイエルン幻想教団）など、フリーメーソンから派生、ないしはそれに倣って結成された結社は明らかな政治色を帯びていた。

フランス革命の「人間及び市民の権利の宣言」、いわゆる人権宣言が起草されたのもロッジの中で、自由・平等・博愛がスローガンとして叫ばれたことについても、フリーメーソン人脈が革命運動全体に深く関わっていたことを示している。

アメリカでも同様の傾向が見られ、ワシントンやフランクリン、ジェファーソンなど建国の父と称せられる人びとの多くがフリーメーソンの会員だった。モンロー、セアドラ・ローズベルト、タフト、フランクリン・ローズベルト、トルーマンなど歴代大統領の多くも会員で、一ドル紙幣にフリーメーソンの象徴であるピラミッドとその上に目の浮かぶ図柄が採用されたのも、フリーメーソン人脈のなせる業だった。

イタリア統一を目指す運動はリソルジメントと総称されるが、これの開幕にもフリーメーソンのロッジが関与していた。

ときにフランス革命の影響下、ミラノなどイタリア北部の大都市では「愛国者」を自称する人びとがフランスから送り込まれた運動員やロッジの働きかけもあって、秘密結社的な政治クラブを立ち上げた。

イタリアは西ローマ帝国が衰退を始めてから一度として政治的統一を経験しておらず、国民国家・民族国家となったフランスの隆盛ぶりに魅せられ、知識人のなかに統一を模索する者たちが現われた。

◆フリーメーソンとは

起源は？

1717年にイギリスのロンドンからはじまった

理念は？

フリーメーソンの基本理念は『自由、平等、友愛、寛容、人道』という慈善団体で、献血運動など各種チャリティー活動だったり、メンバー同士で普通にBBQをしたり、イベント企画もしているという。

アメリカ独立戦争にもかかわっていた？

1773年、アメリカ独立戦争の発端となる「ボストン茶会事件」を起こしたのはフリーメーソンのメンバーである。アメリカ初代大統領のジョージ・ワシントンもメンバーであった。

あの「自由の女神像」を贈ったのって

1888年、フランスのメーソンリー（英語読み）から、アメリカ独立100周年を記念して自由の女神像してが贈られた。

日本人初のメーソンは？

日本人で最初にメーソンになったのは、西周（にし・あまね）と津田真道（つだ・まみち）である。

「ロータリークラブ」設立の裏話

ロータリークラブの創始者であるポール・P・ハリスはフリーメーソン、社会奉仕と慈善活動に専念する公開結社として、ロータリークラブを設立した。

ナポレオン戦争後、すなわちウィーン体制化のイタリアは大きく五つの勢力に分かれていた。半島南部とシチリアはスペイン系ブルボン家の両シチリア王国、ローマを初めとする半島中部は教皇領、ベネツィアを中心とする地域にはオーストリアの保護下にあるロンバルド・ベネト王国、西北部にはフランスの保護下にある五つの公国、半島の付け根西側とサルデーニャ島はトリノを首都とするサヴォイア家のサルデーニャ王国といった具合に。

サルデーニャ王国の主導のもと、おおよその統一がなり、イタリア王国の建国が宣言されたのは一八六一年のこと。

フリーメーソンの働きかけがなければ、統一はもっと遅れていたか、なせずにいたままの可能性もあった。

狂信的なナショナリズムとは相いれず

フリーメーソンの働きかけはヨーロッパのキリスト教世界だけではなく、中東イスラム世界や中南米にも及んでいた。

一九世紀末のオスマン帝国では、スルタンのアブドュルハミト2世による専制が強化され、近代化を目指す活動家の多くは地下に潜るか亡命を余儀なくされていた。フランスのパリに逃れていた者たちが一八九四年に「統一と進歩委員会」という組織を結成するが、実はこれにもフリーメーソンが関与していた。

組織づくりの方法や運営について、細かな指導を行なっていたものと見られており、「統一と進歩委員会」がのちのトルコ革命やトルコ共和国建国につながったこ

◆フリーメーソンはなにをした？

フリーメーソンの思想・人脈が関係する出来事一覧

プロイセンの啓蒙専制君主フリードリヒ2世の改革
フランス革命
アメリカ独立戦争
イタリア統一運動
ラテン・アメリカの独立運動
フランスのライシテ（政教分離）
トルコ革命
ロシア革命（二月革命）

とから顧みれば、トルコの変革にあたり、フリーメーソンの果たした役割は非常に大であったと認めざるをえない。

このように世界中の多くの出来事に関与してきたフリーメーソンであるが、彼らと現地の民族主義勢力の蜜月は、多くの場合長続きしなかった。

それはフリーメーソンが政治的全体主義や排他主義、狂信などへの反対を貫いていたからで、革命や独立運動を経た諸国では極端な主義思想に走る傾向が強く、それがフリーメーソンをして蜜月関係の終焉へと走らせたのだった。

ロシア革命とフリーメーソンの関係はそのいい例で、帝政末期に開設されたドゥーマ（議会）において、フリーメーソンの会員は専制に批判的な自由主義的エリートの中核を担い、二月革命（三月革命）後、最初の臨時政府でも司法大臣のケレンスキーはじめ、商工大臣のコノヴァーロフ、財務大臣のテレシチェンコ、交通大臣のネクラーソフなど所属する政党は違っても、みなフリーメーソンの会員というつながりを有していた。

一九一七年五月五日に発足した挙国一致の連立政府にしても、司法大臣となったペルヴェルゼフ、国家後見大臣（厚生大臣）となったシャホフスコイ公がやはりフリーメーソン、同年七月の第二次連立政府においても商工大臣のプロコポーヴィチや宗務院総監のカルタショフ、国家後見大臣のエフレーモフも右に同じだった。

ボリシェヴィキが政権を握るまでのロシア革命は、どういう政体で落ち着くのか、明確な展望のないまま第一次世界大戦がもたらす影響に翻弄され続けていたのだった。

ハンニバルの謎

軍神が選んだ「アルプス越え」ルートがついに明らかに？

第二次ポエニ戦争に際し、カルタゴの将軍ハンニバルはイベリア半島からピレネーとアルプスという二つの山脈を越え、イタリア半島に押し寄せた。ピレネー山脈はともかく、アルプス山脈を越えるにはどのルートを選んだのか。近年、長年論争の続いたこの問題に終止符を打つかもしれない重要な発見がなされた。

カルタゴ軍はどのルートを採ったのか

古代ローマにとって最大の敵は、現在のチュニジアにあったフェニキア人の植民市カルタゴで、ローマは三度にわたるポエニ戦争でこれを滅ぼした。しかし、前二一八年から前二〇一年まで続いた第二次ポエニ戦争ではイタリア半島全土を蹂躙されるなど、ローマ側の被害も甚大だった。ローマをそこまで苦しめた最大の要因は、カルタゴ軍を率いた稀代の名称ハンニバルの存在にあった。

第一次ポエニ戦争（前二六四〜前二四一年）に敗れたカルタゴは捲土重来を期し、イベリア半島を反抗拠点と定め、若き将軍ハンニバルにすべてを託した。ハンニバルが三六頭とも五〇頭とも言われるゾウをはじめ、二万人歩兵、六千人の騎兵を集結させたことは、さすがにローマ側の知るところとなった。

だが、ときのローマ軍は二手に分かれ、一軍はアフリカ侵攻のためシチリアに集結、もう一軍はイベリア半島侵攻のためマッサリアに集結中で、イタリア本土は手薄な状況にあった。であるなら、マッサリアにいる軍との衝突を避けて進軍すれば、ローマを攻略することも夢ではなかった。

そう判断したハンニバルは真冬という悪条件下、ピレネーとアルプスという二つの山脈を越えて、イタリア半島に攻め入る作戦を開始した。

生きて半島にたどり着いたゾウが一頭だけという犠牲を払いながらも、ハンニバルは二つの山脈越えを成功させ、慌てて迎撃に向かったローマ軍をポー川支流のトレビア河畔で撃破した。その場所はミラノ市の南東に位置するピアチェンツァに近く、もはや完全にイタリア半島の内だった。

それから十数年間、ハンニバルはイタリア半島全土を縦横に暴れまわる。その間の経緯もさることながら、古来多くの関心を引き寄せてきたのは、ハンニバルが二つの山脈を越えるにあたり、どの道を採ったかという点だった。

平地であれば最短距離を進むのが普通であろうが、山脈越え、それも冬場という条件が重なれば、距離だけで道を選ぶはずはなかった。雪山で遭難して、全滅などとなったら、いい笑いものである。できるだけ早く、かつ少ない犠牲で二つの山脈を越え、イタリア半島に侵入することが求められたのだった。

手がかりは、馬糞の塊？

ピレネー山脈越えに関しては、地中海岸に通りやすい道があるのでさして問題とはならず、歴史学者や古典学者たちが長年論争を重ねてきたのはもっぱらアルプス越えに際してのルートだった。

アルプスの山幅は一番狭いところでも約一三〇キロに及び、どのルートを選ぶにしても四〇〇〇メートル級の山々が連なり、どこが最適とも判別のつかないのが実情だった。

この行軍に関して、カルタゴ側の文献は何一つ残っておらず、ローマ側の文献もルートにまでは言及していない。となれば、可能性のあるルートをしらみ潰しに掘り返し、何か手がかりになるものを探すしかないが、いったい何を探せばよいのか。

八方塞がりかとも思われた研究だが、二〇一六年四月、突破口になりそうな発見があった。カナダ・ヨーク大学のビル・マハニー率いる国際研究チームが、フランスとイタリアの国境付近のトラベルセッテ峠から続く狭い山岳路で、大量に堆積した動物の糞の痕跡を発見したのである。

そのルートは数ある説のなかでもっとも険しいものだったが、ゾウや馬に水を飲ませるため、水場のある道が選ばれた可能性がある。

炭素同位体分析を行なったところ、堆積物の年代は紀元前二〇〇年頃と、第二次ポエニ戦争の時期とほぼ重なった。堆積物を解析したところ、馬糞によく見られるクロストリジウム菌の存在が確認されたことから、期待はさらに膨らんだ。

以上の調査結果を踏まえ、同研究チームは学術誌『アーキオメトリー（考古科学）』で途中経過を公表。「これは、ハンニバルのイタリア侵攻の時代の人間と動物の活

山を越え、川を渡り進軍したハンニバルのゾウ部隊

動を示す、一風変わっているとしても、史上初の具体的な証拠である可能性がある」としながら、「この証拠がハンニバルに関連したものであると、最終的に断定することはできないが、今回の結果は、多数の動物と人間がこの場所を通った事実と整合する」と、学者らしい慎重な姿勢も崩さなかった。

ともあれ、当面は発掘調査の対象をトラベルセッテ峠に絞ればよく、それだけでも大きな前進に違いなかった。ハンニバルと同時代の硬貨が見つかれば一番よし、ベルトの留め金や短刀などの武具、ゾウの骨などでも、そこがハンニバルの通った道と特定するに十分な証拠になるはずである。

シルクロードの謎

いまだに見つからない遺跡の存在

東西交流の舞台であったシルクロードには、多くの謎が秘められている。紀元九七年に後漢の使節が目にした大海はペルシア湾だったのか、それとも地中海だったのか。ベネツィア出身の商人にして冒険家のマルコ・ポーロが、『東方見聞録』の中で言及したサラマンダーの原料を算出する山とは、アルタイ山脈のどのあたりを指しているのか。

後漢の使節はどこまで行って引き返したのか？

シルクロードとはユーラシア大陸の東西をつないだ交通路のことだ。命名者は近代ドイツの地理学者リヒトホーフェンで、ヨーロッパでもっとも珍重されたのが中国産のシルク（絹）であったことから、「ザイデンシュトラーゼン」（絹の諸道）と

◆三つのルート

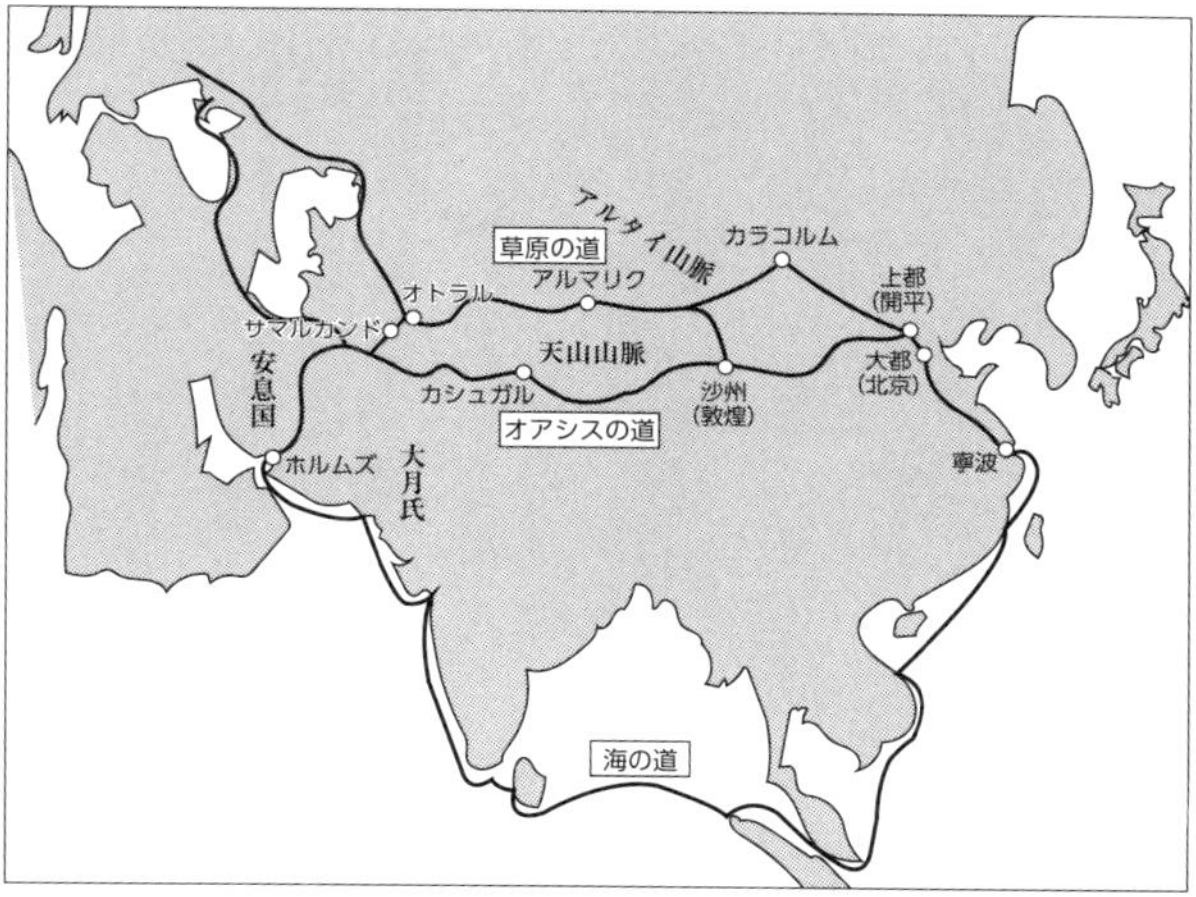

いう名がつけられたのだった。

シルクロードには大きく分けて、北から順に、「草原の道」「オアシスの道」「海の道」という三つのルートがあった。速さと輸送量の点では海路を利用したルートが群を抜いていたが、後世の冒険家たちの心を揺さぶったのは前二者のほうだった。

「草原の道」「オアシスの道」の二つは紀元前の昔から、遊牧民族によって利用されていたが、農耕民族のなかで東から西へとこれらのルートを旅したのは、文献史料で見る限り、後漢の甘英《かんえい》が最初である。

甘英は「虎穴に入らずんば虎子を得ず」の故事でも知られる、西域都護《せいいきとご》・班超《はんちょう》の部将で、現在のアフガニスタンにあった大月氏《だいげっし》（クシャーナ朝）を破り、現在のイランにあった安息（パルティア）との通交がなったとき、安息の使節から、安息のさらに西に大秦《たいしん》という大国のあることを教えられた。報告を受けた班超は甘英に後漢の使節として大秦まで赴くよう命じるが、これが紀元九七年のことだった。

かくして旅路に着いた甘英は、安息の領内を通過して条支国《じょうしこく》に至る。そこには大海が開けており、大秦国へ行くには海路を取らなければならない。地元の船乗りに尋ねたところ、順風でも三カ月、風がなければ二年はかかると言われたことで、甘英は使命を果たすのを断念して、元来た道を引き返したのだった。

パルティアが安息と記録されているのは、王家の名がアルサケスだったことによる。それでは条支国は、現在のどのあたりを指すのだろうか。

この点に関しては、大秦国をローマ帝国のアジア領として、条支国をメソポタミア地方、大海をペルシア湾とする見方もあれば、大秦国をローマ帝国本国として、条支国を広い意味でのシリア、大海を地中海とする見方など諸説がある。だが、どの説も決め手を欠いており、いまだ定説を見るに至っていない。

特定できない地方がひとつある

甘英とは逆に、西から東をめざした旅人もたくさんいる。中世においてもっとも有名な人物としては、『東方見聞録』を残したことで知られるマルコ・ポーロの名が挙げられよう。

『東方見聞録』では、カスカール（現在の中国新疆《しんきょう》ウイグル自治区カシュガル市）から、カラコロン（現在のモンゴル国カラコルム）までの説明のなかで、サルマカン、カルカン、コテール、ペニ、シアルチアン、ルプ、タンガート、サシオン、カムール、チンニータラス、スクチュール、シウトラ、カンピシオン、エサナールという地名をあげている。

サルマカンはウズベキスタンのサマルカンド、サシオンは中国甘粛省敦煌市《かんしゅくしょうとんこうし》（当時の漢名は沙州《さしゅう》）というように、現在のどこにあたるかほぼ突き止められているが、ただひとつチンニータラスだけが、特定どころか比定さえもなされていない。

岩波書店刊『東方見聞録』（月村辰雄・久保田勝一訳）に付された注にも、「不明、おそらく天山山脈とアルタイ山脈のあいだ」とあるだけで、それ以上の追究はなされていない。

天山山脈とアルタイ山脈の間には、ほぼ三角形をなす面積八八万平方キロメートルのジュンガル盆地が拡がっているが、現在では、天山山脈の北麓《ほくろく》を除いては、人が多く集まって住むところは少ない。

『東方見聞録』文中での「多くの町や城があり、住民は偶像崇拝者とサラセン人(イスラム教徒)とネストリウス派のキリスト教徒である」に合致するところは見当たらない。人が住まなくなって久しく、町ごと砂に埋もれてしまったのだろうか。

ただし、手がかりがないわけではなく、『東方見聞録』の中には、「この地方の北の果てには鋼と磁石の素晴らしい鉱脈を含んだ山があり、さらにこの山にはサラマンダーを作る材料の出る鉱脈がある」との記述が見られる。

現在のモンゴル国は、石炭、銅、蛍石、ウラン、レアメタル、レアアースなどの鉱物資源に恵まれている。また「アルタイ」という山脈名も「金」を意味するモンゴル語に由来するなど、モンゴルのアルタイ山脈とその周辺が、古くから天然資源の宝庫で、時代によっては鉱山町の栄えたことがうかがえる。

もっとも注目できるのは、アルタイ山脈南西の麓を流れるウルングル川の流域で、その一帯であれば生活用水に不自由はしなかったはずである。

それにしても、『東方見聞録』に出てくる「サラマンダー」とはいったい何を指す言葉なのだろうか。

アスベストの産地はどこだ！

サラマンダーはサラマンドラとも呼ばれ、これには二つの意味がある。ひとつはイモリに似た実在する両生類である。

古代ギリシアの人たちは、これを火の中で生息する幻獣、火から生まれた火の精霊と捉えていた。その皮膚には火を防ぐ効力があるとも信じられ、その皮膚でつくった布地は、火を防ぐことで貴重品を包むのに最適であるとして、高値で取引されていたともいう。

サラマンダーのもうひとつの意味は、その不燃性に由来するもので、鉱物学の世界ではアスベスト（石綿）の別名として用いられている。

アスベストは、古来より不燃材として利用されてきた天然の無機繊維状鉱物の総称で、カナダのケベック州、ロシアのウラル山脈、アフリカの南アフリカ共和国やジンバブエ共和国、中国の新疆ウイグル自治区などが主な産地として知られている。新疆ウイグル自治区にあたる地域では、中世にも採掘が行なわれていたかもしれない。

これまで、新疆ウイグル自治区で発見された鉱産物は一二二種を数え、そのうち非金属鉱物は七〇種余りある。そのなかには白雲母《はくうんも》、ホータン玉《ぎょく》に加え、アスベストも含まれている。

現在のアスベストの産地のなかに、中世以来の場所があれば、チンニータラスの場所が特定できる有力な手掛かりとなりそうだが、残念なことに、昨今の中国政府は資源外交に過敏となっており、具体的な情報を得るには中国政府の姿勢が変化するのを待つ以外ないようである。

魔女狩りの謎

嫌疑をかけられた者は、その後…

一六世紀後半から一七世紀半ばまでヨーロッパ全土で魔女狩りの嵐が吹き荒れたが、嫌疑をかけられ、火あぶりなどにされたのはどういう人たちだったのか。尋問では何を聞かれ、自白を拒否した場合、どのような拷問が待ち受けていたのか。逮捕された者が無罪放免となるケースはあったのだろうか。

ひとたび告発されれば万事休す

魔女と聞いてイメージするのは、おぞましい妖術使いの老婆か、いたずら好きで可愛らしい魔法使いか。日本人の低年齢層なら後者をイメージする者が圧倒的に多そうだが、魔女伝説の本場ヨーロッパでは、どの時代を通じても前者のイメージが圧倒的だった。

魔女と魔法使い、魔王、魔術師。「魔」で始まる言葉はいくつもあり、これらを序列化して説明する本もあるが、現実には明確な区別はなく、魔女も女性だけとは限らない。いわゆる魔女狩りおよび魔女裁判では男性がターゲットとなった例が数多く見られる。

魔女狩りの歴史は古く、古代ローマ時代にも見られるが、一個の社会現象と化したのは中世末期から近世にかけてで、ドイツでは一五六〇年代から一六八〇年代にピークを迎えた。

中世以降の魔女狩りはキリスト教の立場から行なわれたもので、一二五八年と一三二〇年には異端審問の範囲内での魔女訴追を正当とする教書が教皇により発せられている。一四八六年にはドミニコ修道会のシュプレンガーとクレーマーの共著からなる『魔女への鉄槌』が出版され、それが教皇からお墨付きを得るに及んで、逮捕から尋問および拷問、裁判、判決に至る諸手続きがマニュアル化されることにもなった。

魔女裁判が魔女狩りとも呼ばれるのは、魔女の告発方法として、公の告発と密告に加え、噂話だけに基づき、裁判所独自の判断でも可能であったことに拠っている。

逮捕された被告は魔法を使って脱獄ができないようにと、全身の毛を剃るか皮膚の毛を焼かれたうえに、聖服とロザリオ（十字架付きの数珠）の着用および聖水を飲むことを強要されたのち、狭くて暗く、冬場でも暖房のない独房に入れられ、手足の自由が効かないよう鎖で縛りつけられた。

それから尋問が開始されるのだが、それは自白を引き出すことを大前提としており、「どこで、誰に魔法を学んだのか」「いつ悪魔と契約を結んだのか」「どこで、いつ、どのように魔女の集会（サバト）へ出かけたのか」といったことが追究された。

名称こそ裁判ではあったが、ひとたび逮捕されれば、逃亡にでも成功しない限り、被告の運命は定まったのも同然だった。尋問に対して否認や黙秘を貫き通せば、悪魔が魔術によって自白を邪魔している、自白しないでいることが魔女の証明であるとして、「沈黙魔女」と認定されることがあった。

だが多くの場合、自白を得られなかった場合、被告の前に拷問具が並べられた。それでも自白をしなければ、いよいよ拷問の開始である。親指詰め、鞭打ち、爪はがし、天井からの吊るし、焼きゴテの五段階からなるのが普通で、途中で被告が死なないよう、適度に休憩を入れながら実行された。

自白をすれば情状酌量の余地がある。拷問で疲れ切った被告にとってこのような甘言は唯一の救いで、審問官に言われるまま供述をする者がほとんどであり、共犯者の名を挙げる者も少なくなかった。こうした構図が、魔女狩りの被害が拡大する要因ともなったのだった。

●すべての災害は魔女の仕業

魔女と認定された者の運命は死刑と決まっていた。しかも逮捕から死刑執行に至る一連の経費はすべて被告かその身内が払わなければならないなど、現代の感覚からすれば、理不尽極まりない制度だった。

なぜこのような狂気の沙汰が数百年にわたり続けられたのか。フランスに始まり、スイス、イタリア、ドイツ、イギリスへと波及した魔女裁判は国や地域によって様相が異なり、一概にこうだと断定することはできない。ここではドイツに限って話を進めるとしよう。

ドイツで起きた最初の魔女裁判は一五〇八年、場所は南ドイツの水の都ウルム近郊の農村だった。告発されたのはガミガミ怒鳴り散らすことで村中から嫌われていたアンナという洗濯女。ドイツの場合、初期の被告にはアンナのような嫌われ者、孤独に暮らしている老婆、変人など胡散臭い目で見られた貧しい弱者である場合が多かった。

ドイツの魔女裁判は農村部に始まり、領邦の入り組んだ小都市へと波及したが、人口一〇万人以上の大都市ではほとんど見られなかった。神聖ローマ皇帝の威令が行き届いていた地方では、魔女裁判をまっとうなものと見なしていなかったからである。

とはいえ、魔女裁判のピーク時、ドイツの全都市のうち、人口五〇〇〇人から二〇〇〇〇人の小都市が全体の九〇から九五パーセント近くを占めていたから、被害範囲の広さは推して知るべしである。

魔女のなかでも特に憎まれたのは、「害悪魔女」「天候魔女」などの名でくくられた者たちで、農作物の不作から乳牛の搾乳量の減少、家畜の不妊、奇形児の誕生、害獣や害虫による被害まであらゆる自然災害と不規則な事態がすべて魔女の仕業と決め付けられた。

　なぜ人びとはそのような考えに走ったのか。その最大の要因は社会不安の蔓延に求められよう。宗教改革と対抗宗教改革およびそれに伴う宗教戦争や農民戦争、貨幣経済の浸透とインフレ、食糧不足と栄養不足、人口の増加と女性の過剰、放浪の民の増加など、当時のドイツには社会不安を引き起こす要因が溢れかえっていた。

　これには全地球的に小氷河期に突入していたことが関係しており、魔女裁判の件数と天候不順、災害、穀物の値段との間に一定の相関関係があることも確認されている。社会不安の増大がサディスティックなエネルギーの発散場所を求めていたことは疑いなく、事実、魔女の公開処刑は一家こぞって見物に行く娯楽的要素をも帯びていた。

　また魔女裁判はカトリックの専売特許ではなく、プロテスタント地域でも見られたが、件数の点ではカトリック地域がプロテスタント地域を三倍近く上まわっていた。告発される対象も嫌われ者に限らず、所得や職業、年齢、身分にも関係なく、誰もがいつ隣人に告発されるのではと、不安な日々を送っていたのだった。

ビザンツ帝国の謎

学問の放棄と巨大文明滅亡のつながり

古代ギリシアが生んだ最高の哲学者プラトン。そのプラトンが創設した学園は五二九年に閉鎖に追い込まれた。ときのビザンツ皇帝はユスティニアヌス1世。西ローマ帝国旧領の大半を取り戻し、帝都に聖ソフィア聖堂を再建するなど、輝かしい業績を重ねてきたユスティニアヌスがなぜそのような暴挙に走ったのか。

異教時代のものはすべて悪として根絶

ローマ帝国はあまりに巨大化しすぎたことから、三九五年以降、東西分裂が固定化された。西ローマ帝国が衰退の一途をたどったのに対し、東ローマ帝国はコンスタンティノポリス（現在のイスタンブール）を都にしてなお一〇〇〇年も命脈を保った。コンスタンティノポリスの古名がビザチウムと言ったことから、紛らわしさを避ける意味からも、東ローマ帝国はビザンツ帝国ないしはビザンティン帝国と呼び習わされている。

六世紀初頭時点、ビザンツ帝国の版図はバルカン半島から小アジア、シリア・パレスチナ地方、エジプトと、地中海東部沿岸を覆い尽くすかたちで、それをさらに拡大させたのが五二七年に即位したユスティニアヌス1世だった。

ユスティニアヌス自身が戦場に赴くことはなかったが、その意を呈した将軍ベリサリウスは東奔西走の活躍を見せ、五三四年には北アフリカのバンダル族、五五二年にはイタリア半島の東ゴート族、五五二年にはイベリア半島の西ゴート族に勝利して、西ローマ帝国旧領のかなりの部分を奪回することに成功した。

ユスティニアヌス1世の名が歴史に深く刻まれたのは一連の軍事的勝利だけではなく、宗教政策に負うところも大だった。聖ソフィア聖堂を現在のような姿に再建したのが彼なら、正統異端論争に明け暮れるキリスト教会に介入し、五五三年に第五回コンスタンティノポリス公会議を主催したのもまた彼だった。

現在の無宗教の立場から見れば、正統異端論争の中身はあまりに理念的で、なぜそのために会議が開催され、追放劇やときには虐殺まで引き起こされたのか、理解に苦しむ部分が多い。ともあれキリスト教世界では、正統異端論争に一応の決着をつけた皇帝としてもユスティニアヌス1世の評価は高い。

晴れがましい業績を多々重ねたユスティニアヌス1世だが、彼にも汚点がいくつかあり、その最たるものが五二九年に実施したアカデメイアの閉鎖だった。

アカデメイアは前三八七年頃、哲学者のプラトンによりアテナイ（現在のアテネ）郊外の公共体育場内に設けられた学園に由来する教育施設で、哲学をはじめ、数学や幾何学、天文学など、古代ギリシア科学の粋を集めた知の宝庫と呼ぶに値するところでもあった。そのような施設がなぜ閉鎖に追い込まれたのかと言えば、答えは異教（キリスト教以前の多神教）撲滅のためと、極めて単純なものだった。

人類にとって有益かどうかはまったく顧慮されず、キリスト教という最高の真理が世に伝えられる前のものだから根絶する。ユスティニアヌス1世はただそれだけの理由で閉鎖に踏み切り、少なくともキリスト教の聖職者からは称賛を浴びせられたのだった。

転がり込んできた古代ギリシアの英知

アカデメイアで研究に没頭していた学者たちは一転、路頭に迷った。生きていくためにはパトロンを見つけねばならず、ある者たちは理解ある帝国内貴族の庇護下に入り、またある者たちは東方へと去った。その後、後者の多くはササン朝のホスロー1世に拾われ、現在のイラン南西部の都市ジュンディシャープルで新たな人生をスタートさせた。

ジュンディシャープルは医学校とその附属病院に加え、天文台なども備えた総合学問施設を有していた。ヨーロッパでは異端として排斥されたネストリウス派のキリスト教徒が活動の中心を担い、そこに元アカデメイアの学者たちが合流したことで、研究対象はさらに広がり、ますます隆盛を見るのだった。

少し時代は下るが、アッバース朝の新都バグダードに、第七代カリフ・マアムーンにより設けられた「知恵の館」はジュンディシャープルの施設の後裔にあたるところで、ギリシア語で記された哲学・科学文献の収集・研究とそのアラビア語への翻訳を主たる目的としていた。「知恵の館」の存在により、ヨーロッパではほとんど顧みられなくなった古代ギリシアの英知が保存され、研究の深化も図られた。

そこで蓄積された学問の成果はアラビア科学と総称され、ネストリウ派キリスト教徒だけではなく、ユダヤ人の貢献も大だった。イスラム世界でも心に余裕のあった時代には異教徒に寛容で、共存共栄の歯車がうまい具合に機能していたのだった。

ヨーロッパの知識人たちが失われた英知の重要性を再認識させられたのは十字軍運動がきっかけだった。東方の実情をまったく知らずにいた彼らにしてみれば目からウロコの連続で、ヨーロッパ・キリスト教世界の現状に疑念を抱いていた一部の修道士たちは、古代ギリシアの英知に触れたことで、自分たちのなすべきことを悟った。

あらゆる学術書のアラビア語からラテン語への翻訳。シチリアのパレルモとイベリア半島のトレドを拠点に行なわれたそれは十二世紀ルネサンスと呼ばれ、イタリア・ルネサンスや近代科学誕生の土壌づくりをなすのだった。

一方、古代ギリシアの英知を放棄したビザンツ帝国はユスティニアヌス1世亡き後振るわず、一一世紀に中興を見るが、それも短期間の軍事的な面に限られた。科学をはじめ、あらゆる学問がキリスト教の呪縛にとらわれ、停滞と閉塞感に包まれたまま、一四五三年の帝国滅亡を迎えるのだった。

第4章

遺された断片からたどる「古代文明」

ローマ文明の謎

コンクリートが劣化しない！現代でも真似できない高度文明

古代ローマの建築技術には現在の科学技術をもしのぐ点が多々ある。さりげないアーチもそうだが、何より凄いのは当時のコンクリートである。経年劣化するどころか、逆に強度が増しているものが確認されているのだ。アメリカの研究チームがこの謎に挑んだ結果、意外な秘密が明らかとなった。

現代の科学力をもっても越えられない壁

古代ローマは都市国家に始まりながら、数百年の歳月を経てイタリア半島全域、さらにまた数百年の歳月を経て地中海沿岸の全域を支配する大帝国へと成長を遂げた。自由民と奴隷が暮らし、自由民のなかでもローマ市民権を持つ者とそうでない者という身分の差はあったが、紀元二一二年には帝国領土内の全自由民にローマ市民権が付与された。これにより法律上は出自による差別はなくなり、自由民の誰もが堂々とローマ市民と見なされるようになった。

当然ながら、この時点でのローマ市民には、生粋のローマっ子もいれば、イタリア半島の他地域出身者やギリシア人、マケドニア人、ローマ文化を受け入れたケルト系諸民族なども含まれていた。それでいながら大きな混乱が生じなかったことからすれば、出自を問題としない社会環境がすでに整えられていたと見てよいだろう。

ローマ市民というアイデンティティが確立されていたことは現存するローマ遺跡からも見て取れる。古代ローマの遺跡は地中海周縁に点在するが、都市遺跡の場合、基本的な構成はどこもいっしょである。集会場を兼ねた広場や列柱付き大通り、円形劇場、神殿、大浴場、公衆便所などはどの都市にも備わっており、造りも均質化されている。

まるでそのままコピーでもしたかのような都市をよくもたくさん造ったものだと感じられるが、現存する遺跡のほとんどは貴重な文化遺産として大切にされている。

目先の利益だけを考えるなら、開発の邪魔にしかならない代物なはずで、事実そう考える者もいるようだが、大勢としては人類共通の遺産として、然るべき扱いを当然視する見方が強い。

なぜ古代ローマの遺跡がイタリア半島以外でも貴重な文化遺産として保存の対象とされているのか。それは古代ローマの建築技術が一つの高みを究め、現代の科学技術をもってしても越えられない部分があるからだった。

●強化コンクリートの秘密は海水にあり

古代ローマの建築資材は石と瓦およびコンクリートを基本とした。

コンクリートと言っても、現代と古代ローマのそれは同質ではない。現代のコンクリートがセメントを結合材とし、これに骨材および水を適当な割合で配合して混ぜ、水とセメントとの水和作用によって固まらせるセメントコンクリートであるのに対し、古代ローマのコンクリートは割栗石（岩石を打ち割って造る小塊状の石材）やレンガ屑などの骨材とモルタルを、石灰を結合材として混ぜて造られていた。

技術的に完成の域に達したのは五賢帝の三番目に位置するハドリアヌス帝（在位一一七～一三八年）の頃と考えられ、円蓋や穹窿（アーチを基本にした曲面天井）

造りが可能になったことで、古代建築としては初めて、内部空間を芸術的に造形することも可能となった。これは口で言うほど容易いことではなく、建築技術上の革命と呼ぶに値することでもあった。

だが、それだけで驚いてはいけない。古代ローマの建築にはまだまだ凄いところがある。それは当時のコンクリートが朽ちるどころか、今も強度を増し続けている点である。

現代のコンクリートの寿命が五〇年からせいぜい一〇〇年程度であるのに対し、ローマ市に現存するパンテオンという神殿はハドリアヌス帝のときに再建されたにも関わらず、現在も十分な強度を保っている。パンテオンに限らず、二世紀以降の古代ローマ建築はのきなみ頑丈である。その秘密はいったいどこにあるのか。

解答は隠し味的に使用されていた海水にあった。米エネルギー省のローレンス・バークレー国立研究所の研究チームが解析に当たったところ、コンクリートの中にアルミナ質のトバモライト結晶が含まれ、この層状鉱物が、長い時間をかけてコンクリートの強度を高めるのに重要な役割を果たしていることがわかったのである。

この鉱物は海水と石灰と火山灰が混ざり合い、熱が発生することによって生成される特殊なもので、右の研究チームを率いたユタ大学の地質学者マリー・ジャクソンは、「古代ローマ人は、海水と化学反応を起こして成長する岩のようなコンクリートをつくり出しました」と述べた上で、この鉱物を含む建造物に打ち寄せる海水が鉱物の第二期成長を引き起こし、コンクリート全体の強度をさらに高めたことも明らかにした。

なおかつ、アルミナ質のトバモライト結晶の成長時にはたいてい、フィリップサイトと呼ばれる別の結晶の成長も起きており、これら新しい鉱物はいずれも火山灰が海水によって溶解したときに形成される。つまり古代ローマの技術者たちは自然がもたらした偶然の産物が秘める性質に気付き、それを最大限利用したということになる。これはいくら頭を捻ったところで考え付く類いのものではなく、経験の積み重ねからしか得られない知識であった。

現代のコンクリートは、いったん固められた後にその構造が変化するようにはつくられておらず、なんらかの化学反応が起こると、裂けたり割れたりする。海水が大敵となる造りになっているわけだ。この点だけを取り上げれば、人類の科学知識はこの二〇〇〇年で大きく劣化したと言うこともできよう。

兵馬俑の謎
地下に眠る、二〇〇〇年前の超兵器

秦の始皇帝は当時の習慣に倣い、秦王に即位した時点から自らの陵墓建設を開始した。天下統一と皇帝への即位を果たしてからは、当初の計画を拡大させ、兵馬俑坑をはじめ多くの陪葬坑を設けるなど、規模の拡大を目指した。副葬品も豪華で、近年出土した弩などは旧ソ連の自動小銃ＡＫ－４７を上まわる射程距離を有していた。

地下軍団はミステリーの宝庫

中国の西安近郊の村で世紀の大発見がなされたのは一九七四年のことだった。秦の始皇帝陵を東方からの攻撃から守る位置に埋められていた歩兵・弓兵・騎兵からなる地下軍団が二〇〇〇年の眠りから目を覚ましたのだった。

二〇一八年三月時点までに発掘された兵士俑はあわせて八〇〇〇体以上。どれも発掘当初は鮮やかな色が残っていたのだが、空気に長時間触れ、すっかり色褪せてしまった。発掘の当事者によれば、もっとも多く使用されていたのは緑色だったという。

兵馬俑博物館の元館長で、「兵馬俑の父」との異名をとる袁仲一によれば、兵馬俑の上着二七七点のうち四二・六パーセントの一一八点が緑色だった。同様にズボン四二五点のうち五四・八パーセントにあたる一一八点、襟一八二点のうち三七・四パーセント、袖口二三九点のうち四一・四パーセントが緑色であったことが統計からわかっている。

この理由について、かつて考古・発掘調査隊のリーダーを務めた経験のある許衛紅は、「これは緑の染料が最も豊富だったことと関連している。秦の人々は、戦の際に自ら服を用意した。研磨すると緑色の染料になる孔雀石は当時ありふれたもので、一般的な平民でも手に入れやすかったので、これが大量に見られたのも不思議ではない」とコメントしている。

兵馬俑の凄い点としては、兵士俑がすべて等身大で、なおかつ一体ずつ顔が違う点も挙げられる。そう言われて改めて観察すると、明らかに西域風の顔立ちの者もいれば、北方民族の特徴を有する者もいる。おそらく実在の親衛軍兵士をモデルに造られたと見られており、常勝を誇った始皇帝の軍団がさまざまな民族からなる混成部隊であったことがうかがえる。

等身大で着色された兵士俑を造るには相当の時間が必要だったと考えがちだが、実のところ、型さえあれば後の作業は比較的楽で、始皇帝の死が公表された前二一〇年から始めても秦が滅亡する前二〇六年までに十分余裕があり、兵士俑造り自体は一年余もあれば十分で、陵墓自体は即位とともに開始されるのが慣例であったから、こちらの完成も余裕をもって迎えられたはずである。

なぜ存在が知られていなかったのか

兵馬俑をめぐる謎と言えば、どの史書にも一切記載のないことが挙げられよう。司馬遷《しばせん》の『史記』「始皇本紀」にも始皇帝陵の造営に関しては、「陵をつくるために驪山《りざん》の麓に穴を掘り、天下をあわせるに及び、天下の徒罪の者七十余万人を労役し、三泉を掘らせたが、銅をもって下をふさぎ、郭を入れた。冢の中に宮殿や百官の座席をつくり、珍稀の物を宮中から移して充満し、工匠に機弩矢を作らせ、地面を掘って近づく者があれば、ひとりでに発射するようにした、また水銀で百川・江河・大海をつくり、機械で水銀の水をそそぎ送った。上には天文を具え、下は地理を具え、人魚の膏をもって燭とし、永く消えないようにした」ことに加え、「従事した工匠をことごとく閉じ込めて、出られないようにした」(小竹文夫・武夫訳)と記すのみで、兵馬俑の存在には一切触れず、口封じのため工事に携わった職人すべてが生き埋めにされたとしている。

秘密を守るためにそこまでしたのであれば、兵馬俑の存在が知られずにこられたのも不思議ではない。だが、これには別の解釈もある。

興味深い説を提示したのは中国美術史が専門の曾布川寛で、彼は、「兵馬俑坑の武士俑、銅車馬坑の御官俑、馬厩坑の圉人もすべて、秦始皇本紀に言うところの、広い意味での『百官』に相当する」との見解を示している。

言われてみれば確かに、始皇帝陵の周囲からはこれまでにも、珍種動物坑、工事関係者の墓など多くの陪葬坑が発見されてり、兵馬俑坑もそのひとつとして、始皇帝陵の一部を構成するものと見れば、特筆されなかった理由も納得できる。兵馬俑

兵馬俑博物館の一号俑坑に居並ぶ兵士俑

坑の位置する場所が、広い意味での始皇帝陵の東の一番外側である事実からも、始皇帝の眠る玄室の豪華さに比べれば、兵馬俑坑など特筆すべき代物ではないと判断されたのかもしれない。

最強軍団を支えた秘密兵器

始皇帝陵と兵馬俑をめぐる謎は尽きることなく、二〇一五年三月には新たに一〇〇以上の弩が発見された。弩とは西洋で言うクロスボウにあたり、通常の弓矢とは比較にならない射程距離と殺傷力を誇った。弩時代の発見は珍しくないが、このたび出土したものは保存状態が過去最高であったことから、大きな話題となったのである。

本体は青銅製で、弦の材料には動物の筋が用いられている。関係者たちは誰しも興奮を抑え切れず、先述の袁仲一などは、「強い弩の射程距離は最長七〇〇〜八〇〇メートルにも達し、旧ソ連のAK－四七自動小銃の約四〇〇メートルという有効射程の二倍になる。弱い弩の有効射程は、約一〇〇メートルが一般的だ。兵馬俑で出土した弩がどちらの弩に属するのかは、まだ明らかになっていない」と語っている。

他国に先駆けて強力な弩の開発に成功した秦の国。戦国七雄と総称された国々のなかでもっとも後進的と自他ともに見なされていたがため、逆に大胆な改革を推し進めることができた。その強さを支えたひとつが強力な弩の一斉射撃にあったことは間違いなく、この洗礼を受けた敵軍がたちまち戦意を喪失したであろうことは想像に難くない。

マヤ文明の謎

スポーツ、暦法、信仰…、栄えた文明も「これ」だけで滅びる

現在のメキシコ、グアテマラ、ホンジュラス、ベリーズなどに展開したマヤ文明は、巨石建造物を造り、天文・暦法・文字などを発達させたことで知られるが、勝者が生贄の栄誉を浴せられる珍スポーツもあった。トウモロコシやインゲン豆、カボチャなどに頼る彼らの生活は気象に左右され、それが彼らの精神世界へも深い影響をもたらしたのだった。

世を騒がせたマヤの予言

「マヤの予言」なるものが世を騒がしたのは少し前のこと。マヤの暦が二〇一二年一二月末で終わっていることから、それこそ終末の到来に違いないと、ノストラダムスの予言にある一九九七年七月と同じような騒ぎが起きたのだった。

だが、そこには根本的な間違いがあった。マヤ暦は終末や人類滅亡について一切語っておらず、暦が終わっているのは、周期の終わりを示しているだけだった。マヤ文明では複数の暦が使用されており、そのなかのひとつに五一三〇年をもって一周期とする長い暦があった。

それが前三一一四年八月一一日に始まり、現在のグレゴリウス暦に換算すると、二〇一二年に最初の周期が終わる。ただそれだけのことであったのが、いつの間にか終末の予言と誤った認識をされてしまったのだった。

そもそもマヤ文明とは、メソアメリカもしくは中央アメリカ、中米と呼ばれる地域に栄えた文明で、前一六〇〇年頃から紀元一六世紀までと非常に長い命脈を保った。便宜上、前一六〇〇年から紀元二五〇年頃までが先古典期、二五〇から九〇〇年頃までが古典期、九〇〇年から一六世紀までが後古典期と区分される。

これら三つの時期には中心となった地域をはじめ、さまざまな相違があるのだが、ここでは煩瑣を避けるため、特定の時期や地域に関係なく、目立った特徴のみを取り上げる。

マヤ文明と聞いて、人は何を思い浮かべるのか。古代エジプトとは似て非なるピラミッドか、現代アートにも通じるような独特な文字だろうか。

エジプトのピラミッドが用途不明であるのに対し、マヤのピラミッドは神殿として建てられながら、天体観測所や墓としても用いられたことがわかっている。建造の開始は前一〇〇〇年頃と推測され、資材としては単に割っただけの石や整形された切石、焼レンガ、土などが用いられ、最後に漆喰で整形された例や上部構造に木材が使用された例も少なくない。

さらには古い建造物を覆ったより大きな建造物を造るというのもマヤ建築の大きな特徴で、テオティワカンの「太陽のピラミッド」などはその例である。

マヤ文字は象形文字というより絵文字とするほうが相応しそうで、解読作業は難航を極めたが、現在では表意文字と表音文字の組み合わせからなることがわっている。いまだ一〇〇パーセントには届かないが、解読作業も着々と進んでいる。

文字の解読が緒に就いたことで、マヤ暦の解析も進み、冒頭で取り上げた長期暦のほか、三六五日暦と二六〇日暦の二つが使用されていたことがわかっている。

三六五日暦は二〇日間をもって一か月、一八か月をもって一年とし、足りない五日間は新年を迎える前の不吉な日として、労働も遊びもせず静かに過ごすべき日とされた。

一方の二六〇日暦は二〇日間をもって一か月、一三か月をもって一年とし、この暦での誕生日が個人の占いをする際の必須材料とされた。

二六〇日をひとつの単位とする理由については明らかでないが、計算では二〇進法が用いられていたことから、二〇日間をもって一か月とする考えは何となく納得がいく。

神に捧げた命がけの球技

マヤ文明の世界は基本的には農耕社会で、トウモロコシ、インゲン豆、カボチャなどを食料とした。作物の出来不出来が気象に大きく左右されることから、数ある神々のなかでもとりわけ、雨の神でありながら雷や風をも司る「チャク」に対する信仰が篤く、供物を欠かさないよう努めた。

干天が続くような場合には特別な供物が必要というので、人身供儀がされたのもマヤ文明の特徴の一つだった。誰を犠牲にするかは現在のセパタクローに似た球技で決せられた。

セパタクローはバドミントンと同じ広さのコートで、サッカーのように手を使わず、バレーボールとほぼ同様のルールで行なう球技で、九世紀頃マレーシアで生まれたとされるが、マヤの球技がこれと違うのは、ボールを打ってよいのは腰と膝および前腕部だけで、ゴールポストは球技場側壁の高い位置に設けられた小さな輪ひとつのみ。ボールはゴム製ながら中に空気を入れないタイプであるため約二・五キロもの重さがあった。

この球技の勝敗により人身供儀の対象が決められたのだが、勝者と敗者のどちらが選ばれたかについては、専門家の間でも意見が分かれている。

チチェン・イッツァの現地ガイドには、勝者が供儀の栄誉に浴したと説明する者が多い。たしかに、聖なる儀礼としての球技であれば、勝者こそ犠牲となるに相応しい。敗者を犠牲としたのでは罰ゲームのようで、神への敬意に欠けるように思われる。

人身供儀の具体的な方法としては、生きたまま胸を割き、心臓を取り出したものと推測されるが、それ以外に、聖なる泉セノーテを利用したものも行なわれていた。

セノーテとは地下に浸透した雨水によってできた巨大な洞穴にところどころある

天然の井戸のことで、チャクに雨乞いをする際、そこに貴金属を投げ込むのが習わしとされ、ときには生きた人間が突き落とされることもあった。

二〇世紀初頭、アメリカの領事が住民の強い反対を撥ね退け、チチェン・イッツァのセノーテに水深一二メートルまでの潜水を試みたことがあったが、その際、二一人の子供と一三人の成年男子、八人の成年女子の遺骨が発見されている。伝説では未成年の処女ばかりとされてきたが、現実は違ったようである。

●雨が降らなければ王国も文明も滅びる

「マヤの人びとにとって、洞窟とセノーテはどちらも地下界への入り口でした」

こう述べるのはカリフォルニア大学マーセド校の考古学者ホーリー・モイーズである。

それを証明するかのごとく、二〇一六年七月にはパレンケの「碑銘の神殿」の下にある七世紀の王墓から墓碑が発見され、そこには、「死者の国に受け入れられるには、死者はチャク神の水に身を沈めなければならない」と記されていた。

そこから奥に通じる地下水路も発見され、王の墓が死者の国へ通じる形になるよ

太陽のピラミッド（上）と聖なる池セノーテ（下）

う何かしら工夫が凝らされていたことが初めて実証された。

マヤの人びとにとってはセノーテだけではなく、それを形作る洞窟も聖なる場所ととらえられた。もちろん神殿も。

雨頼み、神頼みの生活を送っていた彼らからすれば、神聖な場所に供物を捧げるのは生きていく上で当然の行為であった。それであれば、旱魃が長引けば長引くほど、供物の数量が増えるのも当然で、現在確認できる範囲では、供物の痕跡はマヤ文明の終焉期に飛躍的に増加している。

雨が降らなくなれば、王国も文明も滅びる。それがメソアメリカでは避けられない自然の法則でもあったのだ。

ストーンヘンジの謎

石材運搬の謎を解決する新説とは

イギリスのソールズベリ平原にそびえる巨石記念物のストーンヘンジは、太陽崇拝と関係する祭祀遺跡とされ、新石器時代から青銅器時代まで何度も増築が重ねられてきた。石材はどこで採取され、どのような方法で運ばれたのか。ストーンヘンジではいったい何が行なわれていたのか。発掘が進むたびに増えていく新説とは。

二九〇キロも離れた採石場から運ばれた石材

イングランド南部で巨大な石柱が列をなすストーンヘンジ。その建造目的に関しては今なお議論百出の状況にある。

建造時期は前二二〇〇年から前一三〇〇年の九〇〇年間に五段階に分かれ、建造者はゲルマン系のアングロ・サクソンやケルト系のブリトン人よりも前に居住していた先住民ビーカー人だと考えられる。

高さ五メートルの自然石（ヒール・ストーン）があり、中心の祭壇石を囲むように低い盛り土の上に石を立てた施設（ステーション）が四基設けられた。

それらを囲むかたちで合計三八個の立石からなる二重の環（ブルーストーン・サークル）、そのまた外側に三〇個の巨石を並べた上に舷状に巨石をのせて輪状に連結させたサーセン・サークル、三〇センチ間隔で立てられた二個の巨石の上に舷石をのせた総高七メートルのトライソリンと呼ばれるものが五組あるなど、九〇〇年間に五段階に分けて建造されただけあって、使用目的に一貫性があったのかどうかからして、次々と疑問点が湧いてくる。

その前に、これだけ多くの石材をどこから運んできたのかという問題がある。少なくとも半径二〇〇キロ以内にはそれらしき場所は見当たらない。

この疑問に関しては二〇一五年一二月に英国の考古学者チームが、ストーンヘンジの建設に使われた特徴的な「ブルーストーン」は、英国ウェールズにある新石器時代の採石場二か所で切り出された数々の証拠を発見したと公表した。

謎に満ちた英国のストーンヘンジ

その場所は、ストーンヘンジから陸路で北西へ約二九〇キロに位置するウェールズ、ペンブルックシャー北部のプレセリ山地にある。これらの採石場で見つかる火山岩や火成岩の特徴は、ストーンヘンジの内側に馬蹄形に並べられているブルーストーンとぴたり一致する。

同じ場所から石器や土台、木炭、焼けたクリの実のほか、採石場からの出口だったらしい道なども見つかっていることから、ストーンヘンジの建造にここの石材が使われたことは間違いないだろう。

だが、問題が一つある。木炭と焼けたクリの実から放射性炭素年代測定を行なったところ、その採石場で人の活動のあったのが五二〇〇～五四〇〇年前と出たこと。ストーンヘンジの建造された時期と四〇〇年近いズレが生じる。これはどう解釈すればよいのか。

この点に関して、同プロジェクトの統括者で、ユニバーシティ・カレッジ・ロンドン教授のマイク・パーカー・ピアソンは、石はまず採石場の近くにあるどこかのモニュメントで使用され、のちにそれが解体されたときに、ストーンヘンジのあるウィルトシャーへ運ばれたと考えるのが妥当との見解を示している、つまり、ストーンヘンジの石材はすべて中古品だったということである。

●男性器をかたどった影が女性器をかたどった石に突入！

石材の運搬方法も謎ではあるが、それ以上に人びとの関心を呼んでいるのは使用目的である。いったい何のために建造されたかという点が最大の争点なのだ。

ヒール・ストーンの方向が夏至の日の、日の出の方向に一致することは、一八世紀から指摘されており、漠然と天文や祭祀に関係する施設であるとする点では大方の一致をみたが、そこから先は諸説紛々のまま今日に至っている。

英国放送協会（ＢＢＣ）も資金援助のかたちで加わった二〇〇八年の半月にわた

ストーンヘンジにあるヒール・ストーン

る発掘調査では、ストーンサークルが「治療の場」であったとの説が唱えられ、右にも名の出たピアソン教授率いる考古学チームは二〇一三年に実施した調査の結果、古代のストーンサークルが最初は墓地として、のちに大規模な祝典の会場として使われていたとする新しい学説を発表していた。

この説は従来の通説に大きな転換を迫るものだったが、残念ながら夏至の日の奇跡を説明できていないのが大きな弱点でもある。

その点をカバーしたうえで、新説なのか珍説なのか判別のつかない考えを提示した人物がいる。かつてミステリー・サークルを「プラズマが起こす自然現象」と主張して一世を風靡《ふうび》したことのある気象学者にして考古学者でもあるテレンス・ミーデンがそれである。

ミーデンによれば、ストーンヘンジは夏至の間、遺跡の内部に男性器の形の影ができるように石が配置され、豊穣祈願の儀式の役割を担っていた可能性が高いという。

一つの特別な石が投じる男性器のような影が徐々に伸びて卵の形の遺跡を貫通し、多産と豊穣を象徴する中央の石に到達する。ストーンヘンジは父なる天と母なる大地との交合を視覚的に再現するために建造されたというのがミーデンの導き出した答えだった。

ミーデンの新説に対し、ポーツマス大学の考古学・人類学科長のティモシー・ダービル教授のように同意を示している人もいるが、ロンドン大学の考古学博士課程のバーニー・ハリスのように、「ストーンヘンジの中に影をつくることがそんなに重要だったとしたら、夏至の日の、日の出同様に、なぜ冬至の日の日没にも同じことをしなかったのだろうか」と疑問を投げかける人もいて、新説として定着するか、珍説にくくられるのか、現時点では判別のつかないのが実情である。

エジプト文明の謎

衰退の原因に見え隠れする「火山の噴火」

ピラミッドや巨大神殿、ミイラ、ヒエログリフなどに代表される古代エジプト文明は、なぜ滅んでしまったのか。誰も明確な答えを出せないまま二十一世紀を迎え、ようやく科学的な裏付けがある仮説が公表された。そこには火山の噴火による気候変動との関係が示されていた。

なぜ、エジプトは凋落の憂き目を見たのか?

エジプトは大河文明発祥の地の一つだ。「エジプトはナイルの賜物」という常套句そのままに、ナイル川が毎年定期的に氾濫と引水を繰り返し、豊作を約束してくれた。

こうした大河の恵みを支えとして、エジプトはギザの三大ピラミッドや、ルクソールの巨大神殿を建設できるだけの大国へと成長を遂げ、最盛期には南のスーダンや北東のシリア・パレスチナ地方をも支配下に置くほどの強国と化していた。

ところが前十世紀頃から、西に接するリビア人、南に接するヌビア人に膝を屈するなど、往時の勢いに明らかな翳《かげ》りが表われる。

前六七一年には、現在のイラク北部を本拠地とするアッシリア帝国の支配下に置かれ、これよりイランのアケメネス朝、マケドニア王国、ギリシア系のプトレマイオス王国と、ほとんどの期間を外来勢力の支配下で過ごした。

その間に、ヒエログリフをはじめとする、民族文字の読み書きを忘れるなど、アイデンティティの喪失も顕著となっていた。

続くローマの支配下では、キリスト教の受容が進み、太陽神ラーやイシス女神など、古来の信仰さえ忘れ去られることとなった。

そこには、オリエント全域に威名を轟かした頃の面影は微塵もない。どうしてこれほどの凋落を経験することになったのか。栄枯盛衰の理だけでは説明のつかない何かがあるはずなのだが…。

キリスト教の神学者たちは、伝統信仰への執着が原因と一刀両断に切り捨てるだけで、この問題の答えとしてきた。キリスト教を唯一絶対の宗教とする彼らにしてみれば、それで片が付いたのだろうが、近代科学と近代合理主義を根底とする現代人の大半はそれで納得できるはずもなかった。

●火山の噴火と暴動の発生には因果関係が

二〇一七年十月、長い間謎のまま放置されてきたこの問題に、一石を投じる研究論文が発表された。

英国の科学雑誌『ネイチャー・コミュニケーションズ』に掲載されたものがそれで、論文はアイルランド・ダブリン大学トリニティカレッジの気候史学者フランシス・ラドロウと米国エール大学の歴史学者ジョー・マニング率いるチームによる共同執筆だった。

結論を先に述べれば、火山からの大量の噴出物が空を覆ったことで、ナイル川の源流が枯れ、文明の崩壊を助長させたというのが、彼らの導き出した仮説だった。

同論文によれば、過去二三〇〇年間のうち、大規模な噴火がいつ起こったか、ほぼ一年単位で特定できる。噴火したのがどの火山であったかまでは特定できないが、ナイル川の流れやエジプトの気候に、大きな影響をおよぼし得るのは、北半球の西アジアからヨーロッパのどこかで起きた噴火に限られるというのだ（詳細な地域は特定されていない）。

火山の噴火と古代エジプト文明の衰退との間に、どのような因果関係があるのか。それは噴火のデータとエジプトで起きた出来事を並べてみると一目瞭然である。

大きな噴火が起きた直後か、数年のうちには必ず、民衆の暴動もしくは食糧の無料配給、突然の戦争停止の、どれかまたは複数が起きていることがわかった。

たとえば前二〇〇年頃、エジプトのプトレマイオス朝は、セレウコス朝とのシリア・パレスチナ地方を巡る攻防で有利に戦いを進め、ユーフラテス河流域のバビロンまで進軍していた。ところが、突如として軍を返している。

その理由として、パピルスに記された古文書は、本国で起きた暴動が拡大し、留守部隊だけでは鎮圧できなくなったからと伝えている。

また、プトレマイオス朝最後の王となったクレオパトラ7世は、前四六年と前四四年に貯蔵穀物の解放を行なっている。同論文によれば、これは暴動の発生を未然に防ぐための措置だという。

火山の噴火から、暴動にいたるまでの経緯を整理すると、大規模な火山噴火は太陽光を遮るだけでなく、降雨量の極端な減少をもたらした。水源地での降雨量が減れば、ナイル川の定期的な氾濫も異常をきたし、土地を再生させる役目を果たしえなくなる。

そうなれば、あらゆる作物の収穫量が激減して、人びとは税を納めるどころか、日々のパンにも事欠く事態となる。

餓死を回避するには、王に陳情して貯えのある倉を解放してもらうか、暴力に訴えてでも奪うしかないということになる。

果たして、プトレマイオス朝の最末期には、ナイル川の満ち引きのない年が何年も続き、エジプト全土が飢饉や疫病などに見舞われた。地方における人口の激減、頻繁な人の移動、土地の遺棄などが蔓延したことも記録されている。

豊作を約束してくれたナイルの氾濫

ここで思い出されるのが、『旧約聖書』にあるヨセフのエピソードである。

冤罪によりエジプトの獄中にあったヨセフは、ファラオ（国王）の見た夢の謎解きをしたことで釈放された。その上、国政まで任されることとなったのだ。

問題の夢とは、ファラオがナイル川の畔に立っていると、川から美しい七頭の雌牛が上がってきて、草を食べはじめた。次いで、醜く痩せ細った雌牛が上がってきて、先の美しい七頭の雌牛を食い尽くした。

さらに、一本の茎から七本のよく実った穂が出てきた。ついで萎びた貧弱な穂が出てきて、先の七本のよく実った穂を呑み込んでしまったというのが、ファラオの見た夢だった。

ヨセフはこの夢を、七年間の大豊作に恵まれた後、七年間の大飢饉に見舞われることの予告だとして、取るべき対策について意見した。おかげでエジプトは大惨事を免れることができ、ヨセフは異例の出世を遂げたというのが、このエピソードの落ちになる。

このエピソードからも、ナイルという大河を擁しながら、エジプトでは飢饉は珍しくなく、ひどいときには七年も続いたことがうかがえる。

国内がまとまり、平穏なときならまだしも、内乱の最中や政治腐敗が蔓延しているときには、飢饉対策が疎かになる。

暴動が頻発するようでは、外敵の侵攻に際しても十分な応戦体制が整えられず、不利な条件での和睦を強いられるか、亡国の憂き目を見ることにもなる。

右の論文に従えば、古代エジプト文明の衰亡は以上のような道筋を辿ったことになろう。

ちなみに、ナイル川の氾濫は、洪水とは別物で毎年決まった日に増水が始まり、決まった日に引き始めるのだ。水が増すときも引くときも、速さは緩慢なため、死傷者が出ることはない。

収穫を終えて衰えた土壌が、栄養豊富な川の水に一定期間浸されることで息を吹き返し、翌年の豊作が約束された。それこそが「エジプトはナイルの賜物」と呼ばれる所以だった。

ピラミッドの謎

建造方法、理由、内部…、五〇〇〇年の謎をめぐる

「世界七不思議」のなかで唯一現存するのがエジプトにあるギザの大ピラミッドである。内部には通路や玄室、使途不明の空間などが拡がるが、建造目的も不明なら、どのようにして建てられたのかも、蒸気や電気のない時代に巨大な石材をどこからどうやって運んできたのかも未解明の部分が多い。五〇〇〇年以上の歴史の謎に迫る。

何のために建造したのか

エジプトには無数のピラミッドが存在するが、やはり代表格と呼べるのは首都カイロから近いギザの地にそびえる三大ピラミッドだろう。そこにある三つのピラミッドだけ、他のものとは比較にならないほど巨大なのだから。

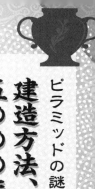

三大ピラミッドのなかでも一番巨大なのは、前二六世紀に建造されたと推測される「クフ王のピラミッド」である。底辺二三〇・三七メートル、本来の高さ一四六・五九メートル、平均二・五トンの石材が二七〇万から二八〇万個使用されたと推測されており、何度訪れても、そこに費やされたであろう情熱と労力が思いやられ、ただただ圧倒されるばかりである。

エジプトはもちろん、世界でも屈指の観光名所でありながら、ギザの大ピラミッドには未解明な部分がたくさんある。建設目的も謎なら、建設方法も謎、建材の運搬方法も全容解明にはいたっていない。

前五世紀に生きた古代ギリシアの歴史家ヘロドトスはエジプトの神官から聞いた話として、ピラミッドをファラオ（国王）の墓としたうえ、多数の奴隷を酷使して建てられたとしているが、現在ではそのどちらとも否定されている。

前者については、数あるピラミッドのどこからもミイラが発見されていないことに拠っている。現地ガイドのなかには、盗掘者の開けた穴から動物のジャッカルが忍び込み、ミイラを食べてしまったと説明する者もいるが、さてどうだろう。ミイラが安置されていた痕跡すら皆無というのは、さすがにおかしい。

抜群の大きさを誇るギザの三大ピラミッド

後者については、一九九〇年に発掘された労働者用住居跡の調査から、やはり否定的な見解が優勢となった。出土した人骨は男女半々からなり、子供の骨も多数混ざっていたことから、家族単位で生活していたことがうかがえる。首などの骨が変形していることから、激しく肉体を酷使していたのは間違いないが、骨折治療の手術痕が多数見られるなど適切な医療保障がなされていたこともわかった。ビール工場やパン工場跡も発見され、食器のかけらから肉まで支給されていたこと、富裕層の独占者と思われていた美しい土器を労働者までが使用していたこともわかり、奴隷説はほぼ払拭されたとしてよかった。

建造目的としては、これまでに天文台説、防波堤説、日時計説、穀物倉庫説、モニュメント説、公共事業説などさまざまな仮説が提示されてきたが、どれも決定打に欠ける。

石材に関しては、大半のものは南に約三〇〇メートル行ったところから運んだものと見られているが、玄室や棺に使用された花崗岩《かこうがん》はギザとその周辺には見当たらないことから、遠く一〇〇〇キロも離れたエジプト南部のアスワンからナイル川を利用して船で運ばれてきたと考えるしかない。

どのように建てられたのか

石材の運搬方法は建造手段とも関係する。陸路を運ぶには木製のソリを使うか、丸太を並べた上をリレー式に転がす方法がとられたと思われるが、建造現場ではだんだんと高さが増すために、ソリを使うのとあわせ、砂の傾斜路がつくられたものと考えられる。

それを踏まえたうえで、具体的な建造方法として、これまでに直線傾斜路説と螺旋形斜路説、内部通路説の三つが提示されている。

直線傾斜路説ではかなり遠くから一本の砂の斜面を造り、少しずつ勾配を高くしなければならないのが難点である。だんだんと、砂の斜面も長くしなければならないのだから。石材を運ぶより、斜面づくりのほうが大変だったのではあるまいか。

螺旋形斜路説であればその問題は多少なりとも軽減するが、ピラミッド全体を砂で覆うことから、途中で測量ができないという致命的な欠陥がある。ゆえにこの説はないだろう。

最後の内部通路説は螺旋形斜路説の改良型で、螺旋をピラミッドの外側ではなく、内部に設けたとする説である。下から三分の一くらいまではソリで運び、それより上へは手動による原始的な滑車の原理で引き上げたというのがこの説で、実際に内部通路の跡と思しき空間も見つかっていることから、現在のところ、もっとも有力な説と言える。

けれども、それでピラミッドの謎がすべて解明となるわけではない。建造目的とも関連するが、なぜギザの三大ピラミッドだけズバ抜けて大きいのかという点も謎のままである。

クフ王以前には技術的に不可能であったことは理解できる。ギザから南へ約四〇キロの距離に位置するダフシュールには、ギザの大ピラミッドより前に建造された「屈折ピラミッド」と「赤のピラミッド」、そこからさらに南へ約七〇キロの距離にあるメイドゥームには「崩れたピラミッド」というのが現存する。同じく王国時代の第四王朝時代でありながら、ダフシュールとメイドゥームのピラミッドが建造されたのはギザのそれより一世代前になる。

ギザの三大ピラミッドの名称が建造者と目されるファラオの名を冠して呼ばれるのに対し、ダフシュールとメイドゥームのピラミッドはそれぞれの特徴が名とされている。「崩れたピラミッド」は設計ミスから建設途中で崩れてしまったもので、「屈折ピラミッド」は途中で設計ミスが明らかとなり、勾配の角度を変えたことによる。「赤のピラミッド」は全体に赤っぽい石で造られたことにより、断面がきれいな二等辺三角形をなすピラミッドとしてはこれが最古のものとなる。

つまり、「赤のピラミッド」の完成をバネとしてギザの三大ピラミッドが建造されたわけだが、カフラー王のピラミッドとメンカウラー王のピラミッド以降、ピラミッドの小型化が進み、ついにはまったく造られなくなった理由については謎のまま。王権の弱体化以外にも何か理由のあるように思えてならない。

エジプト伝説の美女の謎

「王妃の墓か？」期待される新発見の調査結果

古代エジプトで宗教改革を断行したアクエンアテンが愛した妃ネフェルティティ。彼女の墓はいったいどこにあるのか。二〇一五年、アリゾナ大学の考古学者ニコラス・リーブスがネフェルティティ王妃の墓を発見したかもしれないと報じられたが、彼女の墓が発見されたとのニュースはこれが最初ではないため、今回の件にも懐疑的な見方が出ている。

謎多き美女ネフェルティティ

「古代エジプトの三大美女」といえば、エジプト最後の王にしてローマの英雄カエサルとの間に子までもうけたクレオパトラ7世が知名度の点で群を抜き、これに継ぐのが外征と建築に明け暮れた新王国時代第一九王朝のラムセス2世（在位前一二九〇〜前一二二四年頃）の妃ネフェルタリで、三番手にくるのが本項で取り上げる同じく新王国時代第一八王朝のアメンヘテプ4世改めアクエンアテン（在位前一三六四〜一三四七年頃）の妃ネフェルティティである。

アクエンアテンは当時としては異例の宗教改革を断行した人物として知られている。それは強い勢力を誇るアメン神官団を嫌っての処置で、そんな彼の第一王妃を務めたのが、「美しい者が訪れた」を意味するネフェルティティという名の女性だった。エジプト貴族の娘とする説のほか、その名前ゆえに異国から嫁いできたとする説もあり、後者の場合の異国とは現在のクルディスタン地方に栄えたミタンニ王国ではないかと言われている。

出自からして謎めいたこの美女の名はアクエンアテンの治世一四年頃を境にパタリと記録から消える。死亡したのか寵愛を失ったのか、それとも改名をしたのか。

三つ目の解明に関しては、アクエンアテンとその子ツタンカーメンが即位するまでの二年間、ファラオの座を埋めたスメンクカーラーこそネフェルティティの男性名だったとする説が唱えられている。

スメンクカーラーは履歴のまったくわからない人物。これがネフェルティティの男性名であるなら、夫の治世晩年から共同統治者として君臨し、別の妃を生んだツタンカーメンがあるていど成長するまで単独のファラオとして君臨した。ハトシェプストのように女性が男装をしてファラオを務めた前例もあることから、あながち軽視できない説と言える。

ツタンカーメンの玄室の奥に隠し部屋が⁉

新王国時代の王族はみなテーベ（現在のルクソール）を流れるナイルの西岸、奥深い谷の地下に葬られた。「王家の谷」と呼ばれるのがそれで、ツタンカーメンの墓もスメンクカーラーの墓もそこから発見されている。

ただし、スメンクカーラーとネフェルティティをまったくの別人とする立場からすればネフェルティティの墓はいまだ発見されていないことになる。

アクエンアテンから寵愛された美女の墓であれば、副葬品や壁画など、それは見事なものに違いない。多くの考古学者がその発見に情熱を傾け、発見のニュースはこれまでに幾度となく流されてきた。

何度も流されるというのは、それまでのものはすべて外れであったわけで、二一世紀に入ってからだけでも三度もそれが繰り返されている。

二一世紀になって最初の空騒ぎが起きたのは二〇〇三年のこと。英国ヨーク大学の考古学者ジョアン・フレッチャーがアメンヘテプ2世の墓で発見された三体のミイラのうちの一体、「年下の女性」と名付けられたそれをネフェルティティのものであると発表したのである。

根拠のひとつとして挙げられたのはかつらで、ネフェルティティの生きた時代に王族のみが許されるヌビア式の結い方をされていたこと。また片方の耳にだけピアスが二重に開けられているのも珍しく、根拠のひとつとされた。

しかし、ほとんどのエジプト学者はフレッチャーの提示した証拠が根拠に乏しく、説得力に欠けると一蹴した。その後、エジプト考古最高評議会事務局長のザヒ・ハワスが行なったDNA鑑定では、「年下の女性」はアクエンアテンの姉妹のひとりにしてツタンカーメンの母親であるとの結論を導き出してもいる。

二度目の空騒ぎは二〇〇六年、米メンフィス大学の考古学者オットー・シェダインによるもので、彼はツタンカーメンの墓から一五メートル離れた場所に隠された墓を発見したのだった。

そこの玄室には七つの棺があり、そのうちのどれかにネフェルティティのミイラがあるものと期待されたが、七つのうち六つは空っぽで、残る一つも中から出てきたのは花や小枝、亜麻布、粘土の欠片、金の破片で飾られた金の首飾りだけだった。誰のものかは不明ながら、副葬品を準備するためだけの部屋だったのである。

そして迎えた三度目だが、厳密に言うなら、これはまだ空騒ぎとも発見とも決まったわけではない。ツタンカーメンの玄室の奥に隠し部屋があり、それがネフェルティティの墓室ではないかといういまだ推測の段階にあるのだ。

この説を唱えたのは米アリゾナ大学に籍を置く英国人考古学者のニコラス・リーブスで、彼は詳細なスキャン画像を分析していた時、墓の北と西の壁に割れ目があることに気付き、封印されたドアの輪郭ではないかと考えた。ツタンカーメンの墓が建造されたとき、まずネフェルティティが埋葬され、玄室へのドアが密封されてから彩色が施されたというのがリーブスの推測だった。

隠された扉と部屋の存在。それが確実であれば発掘許可が下りるというので、これまで二度にわたり高性能レーダー探知機によるスキャン調査が行なわれた。

一回目の調査に参加した日本人技術者の渡辺広勝は「壁の向こうに何らかの有機

物と金属の物体が存在する証拠も発見した」と述べ、それを受けたエジプトのマムドゥフ・ダマティ前考古相は部屋の存在が「九〇パーセント確実である」と宣言した。

また二回目の調査に参加したカイロ大学の岩石力学教授ヤッサー・エルシャイブは、レーダーの中に不規則性が認められたとしながら、「何かが変わっていることは分かっています。しかし、何らかの物体がそこに存在するのかということに関しては一〇〇パーセント確実ではありません」と慎重なコメントを発している。

このように世間の期待を煽る声がある一方で、懐疑的な見方も強く、英ブリストル大学のエジプト学者エイダン・ドブソンは、「ドアの輪郭かもしれない程度のものが見つかったからといって、それがネフェルティティの玄室につながるものであるというのは強引」とし、先述のダマティ前考古相も、「もし小部屋があるとすれば、それはアクエンアテンの別の妻、キヤ王妃か、娘のメリトアテンの可能性が高い」とのコメントを発している。

隠し部屋は存在するのか。そこに眠っているのはいったい誰なのか。世界中の考古学ファンがその結果を、固唾を呑みながら待ち受けている。

ツタンカーメンの謎

「乳母が実の姉」という仮説が立てられた理由

少年王ツタンカーメンには謎が多い。父親が誰かはほぼはっきりしたが、母親については手がかりすらない。乳母についてもマヤという名前しかわからずにいたが、近年、フランスの調査チームが興味深い仮説を提示した。乳母を務めたのがツタンカーメンの実の姉というもので、いったいどういう理由でそのような仮説に行き着いたのか。

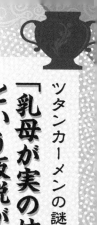

盗掘を免れた幸運な王墓

在位九年、一度も親政をすることなく一八歳前後で死亡するなど、ファラオとしての実績は何もないにもかかわらず、知名度の点では抜群のツタンカーメン。その理由は「王家の谷」にある王墓のなかで、彼のものだけが未盗掘の状態で発見されたことによる。

最初のしばらくの間は、人びとは華麗な副葬品の数々と玄室の美しい壁画にばかり目を奪われていたが、時がたつにつれ、ツタンカーメン自身にも関心が向けられるようになった。在位わずか九年で死去した少年王、その両親からしてはっきりしなかったからだ。

宗教都市ヘルモポリス（現在のエル・アシュムネイン）から出土した碑文には「ツタンカーメンはファラオの息子である」と明記されていたが、それがどのファラオかまでは記されていない。時代的に見て、アメンヘテプ3世かアクエンアテンのどちらかに絞られるが、近年の研究では、アクエンアテンの子でほぼ間違いないとされている。

母親については、少なくともネフェルティティでないことはわかっている。彼女が生んだ六人の赤ん坊は全員女児だったからだ。

結論を急げば、ツタンカーメンの生母は不明としか言い様がなく、妃でなかった可能性もある。

父親以外で家族関係のはっきりしているのは、アンケスメンアメン妃の素性だけである。彼女はアクエンアテンとネフェルティティとの間に生まれた第三王女で、ツタンカーメンの異母姉にあたる。古代エジプトの王室では異母兄妹・姉弟間の結婚が当然のように行なわれていたのだった。

　ちなみに、ツタンカーメンの当初の名は「アテンの生きた似姿」を意味するトゥトアンクアテン（ツタンカーテン）で、父アクエンアテンの死後、旧来の信仰への復活が図られるとともに、彼の名も「アメンの生きた似姿」を意味するトゥトアン

◆ツタンカーメン関係図

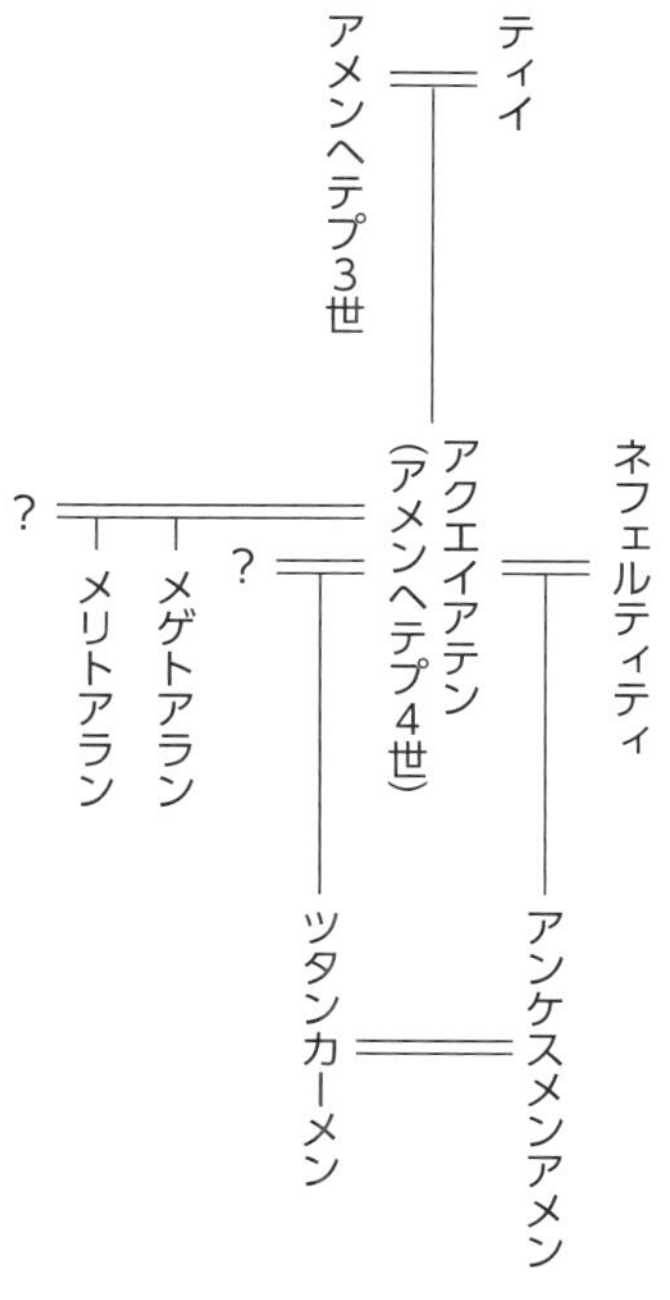

クアメン（ツタンカーメン）に改められた。アンケスメンアメンにしても同様で、当初は「彼女はアテンによって生きる」を意味するアンケスメンアテンを名としていた。

乳母は異母姉だったのか

ファラオの息子となれば、生母自身が育てることはなく、乳母がつけられるのが慣例だった。近親者から選ぶのが理想とされたが、ツタンカーメンの場合、いったい誰がその役目を担ったのか。

この女性についてはマヤという名前以外はわからずにいたが、二〇一五年一一月、マヤの墓の一般公開を翌月に控えた記者会見の席で、調査チームを率いるフランスの考古学者アラン・ジビエが、「マヤはアクエンアテンとネフェルティティの間の娘で、ツタンカーメンの異母姉にあたる王女メリトアテンに間違いない」と断言した。

仮説を述べるのではなく断言をしたとなれば、それなりの根拠があるはずだが、果たしてジビエは何を根拠にしたのか。

ジビエが言うには、決め手となったのはツタンカーメンとマヤの墓の壁に施されたレリーフ（浮き彫り）だという。レリーフには、王座に腰掛けたマヤとその膝に抱かれたツタンカーメンが描かれており、「驚くべきことにツタンカーメンとマヤの顔はそっくりだった。あごや目に親族の特徴が表れていた」と、ジビエは興奮を抑え切れない様子で力説した。果たして、これが決定的証拠と呼べるのか、疑問を禁じえないところである。

乳母がツタンカーメンに乳を飲ませる姿は、アクエンアテンの墓室にも描かれている。アクエンアテンとネフェルティティとの間の次女メケトアテンの死を悼む壁画の一部であることから、その乳母は王室の人間でかつメケトアテンより上の立場の乳が出る年齢に達していた女性。すなわち長女のメリトアテン以外にありえない。メリトアテンこそマヤに違いないと言うのだが、先述の根拠なるものよりむしろ、こちら方に説得力が感じられる。

インダス文明の謎

「低・軍事力」と「高・インフラ」の不釣り合いな文明

インダス文明都市遺跡には宮殿跡も神殿跡もなく武器も貧弱なものしか見つかっていない。まさか原始共産制社会であったとでもいうのか。王墓と思われるものもなければ、戦勝記念碑と思しき遺物もないのに、庶民の住宅は浴室と給排水の設備を備え、頑丈な壁で守られている。いったいインダス文明の都市はどのように治められていたのか。

流域の範囲では収まらない広域文明

不適当などと指摘されながら、「世界四大文明」という言い方は今なお健在である。ほぼ同時期、全世界で二〇以上の文明が誕生しながら、メソポタミア文明、エジプト文明、中国文明、インダス文明の四つがスケールの点で大きく抜きん出ているのだから。

インダス文明の名はインダス川流域に栄えたことによるが、実のところ、発掘調査が進むにつれ、その文明の範囲が流域という言葉では収まらないほど広範囲に及んでいたことがわかった。とはいえ、他の有力な代案が出されているわけでもないから、本書でもインダス文明の名で通すことにする。

インダス文明は典型的な都市文明で、その遺跡は東西一五〇〇キロ、南北一一〇〇キロと、他の三大文明のどれよりもはるかに広範囲に及んでいる。

日本の歴史教科書では最初に発見されたハラッパーと、発見は二番目ながら保存状態のよいモヘンジョ・ダロの名しか出てこないが、近年のパック旅行にはロータルやドーラヴィラーなど他の大河のほとりや海岸近くにある遺跡が組み込まれていることも多い。パキスタン国内では治安に不安があるから、規模は小さいながら、インド国内にある遺跡で埋め合わせているのだろう。

インダス文明の特徴を大まかにまとめるなら、最初から計画的に造られた都市であること、給排水設備がしっかり整っていること、市街地には直角に交わる大小の道路が通じ、道路の多くが焼レンガで舗装されていること、焼レンガ造りの住宅の戸口が大通りでなく、小路に向かって開かれていること、一般の住宅でも浴室と給水・排水の設備を備えていることなどが挙げられる。保存状態のよいモヘンジョ・ダロの場合、市街北西部の小高い丘上に大浴場、穀物倉、集会堂などの公共の建物が集中しており、大浴場は縦一二メートル、横七メートル、深さ二・五メートトの広さで、南北それぞれに階段が設けられていた。これらの遺構を見ただけでも、モヘンジョ・ダロの住民がかなりよい生活を送っていたことがうかがえる。

あるべきものがなさすぎる不思議な都市遺跡

「世界四大文明」はそれぞれ独自の文字を発明していたが、そのなかでインダス文字だけはいまだ解読されるに至っていない。全部で四〇〇ほどの象形文字なのだが、最新のコンピュータ解析を駆使しても、現在の南インドに多く住むドラヴィダ系の文字とわかっただけで、そこから先へは進めずにいる。

インダス文明をめぐる謎は他にもある。なかでも最大の謎は、強大な権力をもった統治者、もしくは支配者の存在を示す遺物がまったく発見されていない点にある。中国・殷王朝の遺跡からは大規模な墓が見つかっているが、インダス文明の遺跡ではそれが皆無。メソポタミアやエジプトの遺跡ではふんだんに見られた巨大な宮殿、神殿、王墓、王像、戦勝記念碑などに相当するものも、インダス文明では同じく皆無である。

さらには、都市全体を守る壁は低く、武器類も貧弱で、軍事的に強力な王権が存在していたようにも見えない。それでいて市街地の建物は焼レンガを用いた頑丈な造りをしている。他の文明において庶民の住宅が極めて貧弱であったのとあまりにも対照的である。

強大な力を持つ政治指導者も宗教指導者も欠いた状態で高度な文明を築き、維持していくことなどできるのだろうか。ハラッパー遺跡が発見された一九二一年以来、研究者たちを悩ませてきたこの問題に、現在を生きる研究者たちは答えを見出せたのだろうか。答えは否で、いまだ定説を見るに至っていないのが現状である。

ただし、発掘調査された遺跡が増えるのにともない、大きな前進と呼べる仮説がいくつも表われていた。たとえば、インドの歴史家コーサンビーは、給水・排水とともに整った大浴場とその付属施設を根拠として、支配層は神官集団で、彼らが宗教の力を借りて都市と農村を支配したという説を提示した。住民は、専制君主による支配より負担の軽いこの統治形態を受け入れたが、治安維持に若干の不安があったことから、厚い壁で囲まれた家屋を造ったというのが、コーサンビーの仮説の概要である。

同じくインドの歴史家サルマは市民生活の充実を根拠として、特定の商人集団が都市の政治を動かしていたとの説を提示した。これならば宮殿や神殿がないことも説明がつく。

これに対して日本人研究者の見解はどうかといえば、南アジア研究の大家のひとり山崎元一は、インダス文明の圏内に同程度の領域を支配する勢力がいくつも併存しており、その国境を越えて活動した商人によって、都市計画や焼レンガ、印章、文字などに見られるような文明圏内の共通性がもたらされ、全体として文明の均一性が維持されたとの考えを示している。

どの説がもっとも正解に近いのか。現時点では何とも言えないが、今後、インダス文字の解読される日がくれば、多くの謎も一挙に解決となるやもしれない。

大都市ポンペイ消滅の謎

大プリニウスら、大噴火の元にいた者の末路

古代ローマではヴェスヴィオ山の大噴火で、一万人の人口を擁した都市ポンペイが一晩にして消滅した。博物学者として名高く、海軍提督でもあった大プリニウスは友人の救援に向かったが、目的を達しながら、自身は帰らぬ人となった。彼や火山灰に埋もれた人びとの死因はいったい何だったのか。

時間が停まってしまった古代ローマ都市

イタリア半島南部の観光地といえば、カプリ島の青の洞窟とポンペイ遺跡が双璧である。

ポンペイとは紀元七九年八月二四日に起きたヴェスヴィオ山の噴火で埋もれた古

代都市の名。イタリア南部最大の都市ナポリの南東に位置し、ナポリ湾に面する。ヴェスヴィオ山の南麓に位置したことから、最大の被害を受けることとなった。

噴火の予兆は皆無に近かった。強いて言うなら、紀元六二年五月二日、イタリア半島南部全域を襲った巨大地震を挙げることができる。震源地がヴェスヴィオ山に近かったと予想されることから、このときの地震が噴火の前触れであった可能性は捨てきれない。

ともあれ、このときの地震でポンペイの建物も多くが損壊して、ヴェスヴィオ山が噴火したときには、まだほとんどの公共建築物が再建の途上にあった。

現在は都市全体が屋外博物館として公開されているため、われわれは噴火当時の街並みをその目で確かめることができる。屋外遺跡は大きく公共地区と居住区、城外の秘儀荘の三地区に分かたれ、大劇場や民会会議場、神殿、浴場、公設市場、公共広場は南西部と東端部に集中している。視界の開けた公共広場からはヴェスヴィオ山が現在でもはっきり視野に入ることから、往時のポンペイの住民で噴火の瞬間をその目で捉えた者も少なくなかったに違いない。

現代もわれわれも南東部の居住区に行けば、突如タイムマシンで過去に飛ばされ

死亡時の様子をそのまま伝える遺体の石膏型

た思いになるに違いない。そこには遺体の石膏型がそのままの状態で展示されているからだ。

そこには安らかな死を迎えたと思われる遺体は皆無で、誰もがもがき苦しみながら息を引き取ったことがうかがえる。彼らの直接の死因は何だったのか。

降り注ぐ噴出物と迫りくる火砕流の恐怖

幸か不幸か、ポンペイ最後の日については、高名な博物学者にしてナポリ湾北端の海軍基地ミセヌムの提督を務めていた大プリニウスの甥にあたる雄弁家の小プリニウスが詳細な現地レポートを残してくれている。

最初に異変に気付いたのは小プリニウスの母で、時刻は第七時頃（正午から約一時間の間）。大きさも形もつねとは異なる雲を目にしたのだった。

それを聞いた大プリニウスが高い場所に登って観測したところ、ヴェスヴィオ山に異常が生じていることがわかり、近づいて確認する必要があると判断して、すぐさま快速艇の準備を命じた。だが、事態の推移は思いのほか速く、ヴェスヴィオ山の麓に別荘を構える友人から救援要請の手紙が送られてくるに及び、大プリニウスは改めて四段櫂船の出艦を命じた。ひとりでも多くの住民を救出しようとしたのである。最初は躊躇していた小プリニウスもこれに同行することにした。

噴火自体はその日の朝から始まっており、四段櫂船は降り注ぐ軽石や火に焼けてボロボロになったが、石礫が降り注ぐなかを縫って接岸を強行。危険を冒して友人の別荘までたどり着くと、恐怖に震える人びとを少しでも安心させるべく、上機嫌な様子で入浴と晩餐を済ませたうえに仮眠まで取った。

大プリニウスには軽石などの降り注ぐなか外に出るのは危険と判断したようだが、彼が余裕を見せている間に事態はさらに悪化していた。軽石や火山灰の堆積が続き、屋外への脱出が不可能になるという段になって、大プリニウスはついに落下物の危険を顧みず船まで走る抜くことを決意し、すぐさま実行に移した。

途中、海の様子が見える場所にさしかかると、大プリニウスは出航可能な状態かどうか確認したが、いまだ逆風なうえに波も高く、とてもではないが無理そうだった。思案にくれるうち熱さに耐え切れず、従者たちに冷たい水を持ってこさせ、とめどなく飲み続けた。そうこうしているうち、炎と炎の接近を知らせる硫黄の臭いが近づいてきたので、他の者たちを先に行かせたのち、自分は最後尾を行こうとするが、突然倒れ込んでしまった。

噴火が収まってのち、小プリニウスが引き返してきたところ、大プリニウスは外傷のまったくないまま、眠っているような表情で息絶えていた。小プリニウスは、伯父の死は濃い煙で呼吸が妨げられ、気道が塞がれたためと推測した。それというのも、大プリニウスの気道が生来狭隘で、しばしば炎症を起こしていたからだった。

この日の噴火による死者はポンペイだけで約二〇〇〇人を数えた。建物の崩壊や噴出物の落下による死者もいたが、それらよりも降り積もる火山灰に口や肺を塞がれるか、有毒ガスにやられた者のほうが多かった。大プリニウスのように安らかな表情で息絶えた者は少なく、多くが苦悶の表情と姿勢で最期を迎えたのだった。

第5章

「世界的大事件」に隠された真実

大戦下フランスの謎

ドイツ占領下のフランスでなにが起きていたのか

ナチス・ドイツによる占領下、フランス人は内ではレジスタンス活動に従事し、外ではド・ゴール将軍率いる「自由フランス」が連合国と足並みをそろえ、反撃の機会を狙っていた。大戦後の教育ではこのように教えられているが、そこにはある事実が隠蔽されている。ナチス・ドイツを歓迎した人びとが決して少なくなかったということが。

誰がナチス・ドイツを歓迎したのか

第二次世界大戦におけるフランスと聞かれ頭に浮かぶのは、マジノ線、レジスタンス、ノルマンディ上陸作戦、パリ解放。英雄ド・ゴールといったことなどだろうか。だが、ナチス・ドイツを歓迎した人びと、対独協力者が多くいたことも事実で、それは決して日和見主義などではなく、歴史的・思想的な背景を持つ行動だった。

ドイツ軍占領下のフランスではフランス共産党とそのシンパによるレジスタンス活動が続けられ、国外ではド・ゴール将軍率いる「自由フランス」が英米両軍の助けを得て、国土奪回の機会をうかがっていた。第二次世界大戦後のフランスではこの二つの潮流が持ち上げられ、ドイツ軍の傀儡として成立したヴィシー政府や積極的な対独協力者のなした行為については詳しく言及するのが避けられる傾向にあった。細々とした二本の抵抗の軌跡をまるで主流であったかのように神話化することで、フランスの抱える暗部を隠蔽してきたのである。

一九四〇年十月三日から翌年九月十六日にかけてだけで、ユダヤ人に関する二六の法律、二四の政令、六つの省令が出されたのをはじめ、一九四二年七月一六日にフランス警察がパリに住む一万三〇〇〇人のユダヤ人を逮捕して強制収容所に送ったヴェル・ディヴ事件に代表される「ユダヤ人狩り」も何度か繰り返された。事前に情報をリークして、ユダヤ人の逃亡を助けた者もいたが、それとは逆にナチよりも過酷に、嬉々として「ユダヤ人狩り」に手を染めた者も少なくなかった。

それ以上に筋金入りの対独協力者はヒトラーに忠誠を誓い、熱狂・階層性・権威・

規律を教養とする民兵団に加入し、左翼政治家の暗殺、レジスタンスの大量殺害、共産党員やフリーメーソン員、ド・ゴール派への弾圧や制裁の戦闘に立った。進んで自分の手を血で染めたのである。

対独協力の波は知識人たちも覆い尽くし、誰もがナチス・ドイツにおもねり、有力誌は反ユダヤ主義の度合いを競い合う始末だった。一群の詩人たちが他の詩人たちを告発した件数も多く、生きていくためとはいえ、明らかに一線を越えた人びとがいたことは間違いなかった。ついでながら、ド・ゴール将軍と彼が組織した「自由フランス」は当初、内外ともに軽視されていた。英米の為政者からのみならず、レジスタンスの一部からも野心家とかファシストとみなされ、相手にされなかったのである。北アフリカ上陸作戦でも蚊帳の外に置かれ、連合国軍の首脳会議にも招かれず、重要視されるのはフランス国内で個別に展開されていたレジスタンスのパイプ役を務め、全体のリーダーとなって以降だった。

ナチズムの思想とフランスの深いつながり

フランスに対独協力者が多く現われたのは、「ヒトラーかスターリンか」という究極の選択を迫られたことも一因ではあるが、一八七〇年に始まる第三共和政への幻滅や反ユダヤ主義に代表される人種差別、熱狂的な全体主義への共鳴など、それなりの下地があったことも挙げておかなければならない。

反ユダヤ主義といえば、一九世紀末から二〇世紀初頭までフランス世論を二分したスパイ冤罪事件（ドレフュス事件）が有名である。軍法会議が参謀本部付砲兵大尉のユダヤ系フランス人アルフレッド・ドレフュスに対し、軍事機密漏洩罪を適用。位階剥奪と流刑を宣告したことに始まるもので、本当のスパイが誰かわかってからもドレフュスの名誉回復までに時間がかかり、シオニズム運動（ユダヤ人による祖国再興運動）が大きなうねりとなるきっかけとなった事件でもある。

反ユダヤ主義そのものは古くから見かけられるが、中世のそれが純宗教的であったのに対し、近代以降のそれは人種的という点で明らかな違いがあった。キリスト教に改宗しても差別がついてまわるのだから。

こうした人種差別の歴史を語る上で欠かせないのがフランスの作家にして外交官でもあったジョセフ・ゴビノーである。父親が近衛士官の経歴を持つ熱烈な王党派であったことが関係してか、ゴビノーは共和政やフランス革命で掲げられた「自由・

平等・博愛」の理念をも毛嫌いしていた。

一八三〇年の七月革命を機にドイツやスイスに赴き、外交官になってからは、ヨーロッパの各地に加え、南米ロシアにも赴任。トルコやギリシアを歴訪した経験をもち、それらを踏まえて多くの紀行文や研究書を著わしていた。そのなかでも一番の問題作が『人種不平等論』と題されたもので、同書中に打ち出された人種の本質的な不平等やアーリア人種の優越を骨子とする人種哲学は「ゴビニズム」と呼ばれ、ナチズムの先駆けとなるのだった。

ここに王党派という言葉が出たが、これには大きく二つの潮流があり、ひとつはブルボン王朝の再建にこだわる党派で、もうひとつは家系を問わず王政それ自体を是とする党派で、両者は反共和政という点で一致していた。

第三共和政がしっかりと機能していれば、これら極右勢力の台頭を抑えることもできたろうが、世界恐慌の煽りを受けた一九三〇年代にはそこまでの力はなく、左右への両極化が進みつつあった。満身創痍で機能不全に陥っている状態で第二次世界大戦を迎えたわけで、これではナチス・ドイツに圧倒され、その進駐を歓迎する者が多く現われるのも無理はなかった。

オセアニアの謎

マオリ族の「ハカ」に込められた深い想い

オセアニアとは太平洋の中部から南部へと連なるポリネシア・メラネシア・ミクロネシアの諸島とオーストラリア大陸・南北二島からなるニュージーランドなどの総称。オーストラリア大陸とニュージーランドは白人の入植地とされ、文明化や保護の美名のもと、アボリジニやマオリ族などの先住民に対し、民族浄化とでも呼ぶべき行為が続けられた。

保護という名の非道な隔離と差別

通称エアーズロック。年間二五万人の観光客を集めるオーストラリア屈指の名所である巨岩ウルル。同岩への登山が二〇一九年一〇月二六日から禁止される。これはオーストラリアの先住民からなる「ウルル・カタジュタ国立公園」の運営協議会が決めたことで、「ウルルはディズニーランドのようなテーマパークではない」というのが理由だった。

実は一九八五年の同日、オーストラリア政府はウルル一帯の土地所有者が先住民であることを認め、同地を返還していた。以来、先住民が国立公園にリースするかたちで観光客を受け入れてきたのだが、聖なる場所が土足で踏みにじられるのはやはり気持ちのいいものではなく、そこで多少の猶予期間を設けた上での全面禁止となったのだった。

オーストラリアの先住民はアボリジニやアボリジナルとも呼ばれ、三万年から三万五〇〇〇年前に南アジアから、当時は存在した陸棚を経て渡来したと考えられている。

オーストラリアの存在が西洋に知られたのは、イギリス人の航海士ジェイムズ・クックによる第一回航海（一七六八〜七一年）のときで、クックが同地の土を最初に踏んだのは一七七〇年の四月二八日とされる。一七八八年から囚人を中心とした入植が開始され、白人の人口が急増を始める。

オーストラリアといえば、ほんの少し前まで白豪主義を貫いていたことでも知られている。白人以外の移民を極力排除していたのだが、その間、先住民は「死にゆく人種」、すなわち放っておいても絶滅すると見なされていたのである。事実、一七八八年には三〇万から七五万人いたと推測される先住民が、白人のもたらした疫病により、一九三〇年代には約五万人にまで落ち込んでいた。

一九〇一年のオーストラリア連邦成立時に憲法も制定されたが、そこでは、先住民の保護は州政府の管理下に置かれ、各州独自の法律によって保護されると規定された。だが、この「保護」の中身がひどいものだった。

保護政策の模範とされた北東部の州クイーンズアイランドを例に挙げれば、滅亡への道を歩む純潔の先住民を「隔離・保護」する一方で、混血の先住民を一般社会に「拡散・同化」させることが基本原則とされた。

「拡散・同化」とは、混血児を家族から引き離し、施設に収容して育てるという乱暴なもので、成長後、一般社会に送り出されてからは保護の名のもと、労働条件・移動・結婚などに厳しい規制が設けられ、二級市民として生きていくしかなかった。

低賃金労働を強いられた上に、賃金は後見人である保護官を通して支払われる。当人の手に渡るのは小遣い程度の額で、それ以外は強制的に銀行預金させられた。

週に一度の休みを利用して引き出そうとしても、銀行員は何かしら理由をつけて出直してこいと言い放つ。労働条件への不満の表面、契約期限終了前の離職、契約更新の拒絶などをした者に加え、奉公先でレイプされ妊娠した女性も強制移動の対象とされた。

彼らの行き着くさきは隔離された居留地で、そこで育った子供の多くは労働可能な年齢に達すると、牧場や大農園の低賃金労働者として送り出された。女性の場合は家事奉公人として白人家庭に送られる場合もあったが、そこでレイプされ妊娠すれば、母親と同じ運命を待つばかりだった。

現在では若干状況が改善されたが、純潔の先住民に対する「隔離・保護」はかたちを変えて継続され、彼らのみが暮らす町村では生涯にわたる年金暮らしが約束される反面、商店には賞味期限切れ、薬局には有効期限切れの商品しか置かれていないなど、生殺しするかのような政策がとられている。

●詐欺同然に土地を奪われたマオリ族

白人として初めてニュージーランドを発見したのもジェイムズ・クックで、彼の

第一回航海時、ニュージーランドの先住民であるマオリ族は一〇万から一五万人いたと推測される。

マオリ族はポリネシア系の民族で、ニュージーランドに渡ってきたのは九世紀から一〇世紀頃のこと。狩猟採取に加え、比較的温暖な北島では一四世紀中頃からサツマイモの焼畑農耕が始められ、それなりに豊かな生活が営まれていた。

そこへクックによる来航をきっかけに白人入植者が続々と来島するようになった。麻疹やインフルエンザ、流行性耳下腺炎、百日咳、結核などの未知なる病原菌とともに。

免疫を持たないマオリ族はばたばたと倒れ、一八四〇年には八万人いた人口が一八九一年には四万二〇〇〇人にまで減少していた。

マオリ族は遠からず絶滅する。白人の多くはそう思いながらも、絶滅する前に形式だけ整えておこうと、虚言や詐術を駆使しての土地の買い取りに走った。その結果、一八四四年からの二〇年間でほとんどの土地がマオリ族の手を離れ、彼らに残された土地は全島のわずか一パーセント弱になってしまった。

いくら人口が激減したとはいえ、すずめの涙程度の保留地では養える人口に限りがある。そのため余剰人口は不慣れな都市に移住するしかなく、一九六一年にはマオリ族の三八・四パーセント、一九八一年には七八・二パーセントが都市部で暮らすようになるが、その大半は非熟練労働者として貧困層をなしているのが現状である。

二〇一三年の国勢調査によれば、自身をマオリ族と認識している国民の割合は全体の一四・九パーセント。だが、その多くは混血で、純粋なマオリ族の占める割合は極めて少ない。

このままでは伝統が途絶えるとの危機感が民族文化復興の機運を高め、ラグビーでもお馴染みのハカという伝統儀式を、アイデンティティの象徴として世界に知らしめることになったのだった。

オトラル事件の謎

チンギス・ハンの征西は、正義の復讐か、それとも…

一二一八年、中央アジアの都市オトラルで、チンギス・ハンから特命を託された隊商四五〇人がスパイ容疑で逮捕、殺害される事件が起きた。復讐に燃えるチンギスは征西の軍を起こし、中央アジアをも版図に治めるのだが、それは最初から計算されたことだったのか。チンギスは開戦の口実を得るため隊商を犠牲にしたのか。

オトラル都市で起きた惨劇

事件が起きたのは一二一六年の夏か秋のこと。これより二年前、中央アジアを支配するホラズム・シャー朝からの使節がモンゴルのチンギス・ハンのもとを訪れた。チンギスはその答礼として、三人のイスラム商人を使節として派遣するが、これでよい感触を得たので、改めて四五〇人のイスラム商人からなる使節団を派遣した。

事件が起きたのは一行がホラズム領内のオトラルという都市に滞在していたときだった。シル川中流域に位置し、現在の国境でいえば、カザフスタンに属している。

モンゴルの使節一行の旅は商売も兼ねていたことから、約五〇〇頭のラクダの背に金銀、絹、タルク（滑石の粉末）、ビーバーの皮、テンの皮などを満載した一大キャラバンと化していた。公式の使節であるし、すでにホラズム領内にも入っていたことから、よもや盗賊の襲撃はあるまいと安心していたところ、何と同市の知事イナールチクの命令のもと、一行の全員が抑留され、積み荷もすべて没収されてしまった（オトラル事件）。仲間が次々と処刑されるなか、運よくひとりのラクダ引きだけが脱出に成功し、チンギスのもとに急を知らせた。

当然ながら、チンギスは激怒した。すぐさまホラズムの君主アラーウッディーン・ムハンマドのもとへ三人の使者を遣わし、責任者の懲罰と賠償を要求したが、ムハンマドは三人の使者のうちひとりを処刑、他のふたりはひげを剃り落としたうえで送還するという最大限の侮辱行為でもって応えた。

これを受けてチンギスの決意は固まった。中央アジアへの遠征は西夏と金王朝を完全に滅ぼしてからのつもりでいたのを、契丹人《きったんじん》や漢人など投降した異民族の部隊もフル稼働させて、征西軍を新設したのである。

チンギスみずからが率いる征西軍は、彼の怒りが全軍に伝染したかのごとき猛威を振るい、ブハラ、サマルカンドなどの要衝を次々と陥落させ、一二二五年二月にはモンゴル高原に帰着した。ホラズム・シャー朝の最後の君主ジャラールッディーンは一二三一年まで抵抗を続けたが、大勢を覆すまでにはいたらなかった。

シャーによる命令はあったのか？

チンギス・ハンの征西により、中央アジアの諸都市はどこも壊滅的打撃を被ったとイスラム世界の史書は伝えている。そのような惨事を招いた直接の原因はオトラル事件にあるわけだが、同事件の直接の原因については諸説分かれている。

マサヴィーという歴史家は、欲に目の眩んだ知事の独断であるとしている。モンゴル使節団がスパイ行為を働いていると報告したところ、ムハンマドから下された命令には、ただちに抑留せよとしかなかった。それなのに知事は独断で全員の処刑を実行した上、財貨をすべて自分の懐に入れてしまったというのである。

それに対してイブン・アル・アチルという歴史家は虐殺と財貨の押収はどちらもムハンマドの命令によるとし、『世界征服者の歴史』の著者ジュヴァイニーは、知事の偽りの報告を原因とする。一行の中にいた旧知の商人から敬称をつけずに呼ばれたことに腹を立て、一行を拘束した上、彼らがスパイ活動をしていると嘘の報告をしたことが、ムハンマドを刺激して、殺害命令につながったというのである。

以上のうち、どの説がもっとも史実に近いのか。今となっては判断の仕様もないが、少なくともモンゴルの使節団が殺害されたことは間違いない。日本のモンゴル史研究家、杉山正明のように、使節団はモンゴルのスパイで、オトラル事件は口実にすぎず、チンギスには最初から征服の意図があったとの声もあるが、確たる根拠が提示されているわけではなく、推測の域を出ない。

オトラル事件をめぐる謎を整理すると、第一にモンゴルの使節団がスパイの使命を負っていたのかどうか、第二にチンギスは最初から使節団を犠牲にするつもりでいたのか、第三に使節団拘束と殺害はムハンマドの命令によるのか、知事の独断だったのかといった点が挙げられる。

結論から言えば、以上三点のどれについても明確な答えは引き出せない。戦略的な見地からすれば、対金・対西夏戦役がまだ終わりを見ない状況下、新たに征西の軍を起こすのは危険な行為にしか見えないが、チンギスからムハンマド宛ての国書に「朕は卿を最愛の子とみるべし」と、ホラズム・シャー朝に対して最初から上から目線で臨んでいたのもまた事実だった。

どこからがスパイ活動という線引きも難しい。内応工作や城壁の測量でもしていればば完全にアウトだが、それ以外の城内をぶらつくとか、地元の商人と宴を楽しむといった行為も、見ようによってはスパイ活動の一環となってしまうからだ。

拘束と財貨の没収に関しても、ムハンマドの命令によるのか、知事の独断か判別がつかないが、ムハンマドが分け前を受け取ったことは確かなようである。

チンギスには最初から征西の意図があり、使節団の殺害も織り込み済みだったのかどうかについても確言はできない。オトラルの外城を攻囲すること五か月、内城を攻囲すること一か月にして落城させて後、捕虜とした知事への報復は残忍を極めていた。ドロドロに溶かした銀液を目と耳に注ぎ込んだというのだから。これが使節団四四九人のための報復なのか、詰問使ひとりのための報復なのかもはっきりしないが、チンギスの怒りが心からのものかポーズなのかも謎のままである。

英雄か、残忍な専制君主か？

チンギスに対する評価はユーラシア大陸の東西で極端なまでに割れている。モンゴルをはじめ、中国や日本では稀代の英雄と目されているのに対し、イスラム世界とヨーロッパ世界では残忍さばかりが強調されている。

それはモンゴル帝国が大いに栄えた一三世紀当時からの傾向で、ペルシア語による世界史『集史《しゅうし》』を著わしたラシードッディーンもその著書のなかで、チンギスと側近との会話を引くかたちでチンギスの性格を簡潔に表現している。それは人生最大の快楽について語り合っているときで、チンギスはこう述べた。

「人生最大の快楽は敵を撃ち破り、追っ払って、彼らの財宝を奪い、敵軍の親しい人たちの悲しい顔つきをして泣き叫ぶのを自分の目で見ること、敵から奪った馬に乗り、敵の娘と妻とを後宮に入れることだ」

また、チンギスと同時代を生きたイスラム世界の歴史家は、ヘラートでは一六〇万人、ニーシャープールでは一七四万七〇〇〇人が殺害されたと記すが、これらの数字は明らかな誇張で、ゼロを二つ取るくらいが実数に近いのではあるまいか。周辺からの避難民をあわせたとしても、人口一〇万人以上の都市がそう多くあったとは考えられないからである。降伏したにせよ陥落したにせよ、身分の高い者と職人を奴隷として強制連行し、その他の住民を皆殺しにすることは実際に行なわれていたと見てよいだろう。まず投降を勧め、あくまで抵抗したときのみ殲滅する。それがチンギスのやり方で、遊牧民の世界では珍しくもなかったからだ。

それにしても、ホラズム・シャー朝はなぜあっけなく敗れ去ったのか。総人口でも将兵の数でもモンゴルに優っていたというのに。

その理由はホラズム・シャー朝の内情にある。同国はアム河下流域のホラズム地方に起こり、現在のウズベキスタンとトルクメニスタン、イランおよびカザフスタンとアフガニスタンの一部を版図とするまでに拡大を遂げるが、モンゴルの征西を迎えたとき、その大半はまだ占領してから日が浅かった。

版図は広いが、王権は弱い。連携がままならないから、モンゴルに対して決戦を挑むこともできず、都市ごとに各個撃破されるじたいになったのである。急成長を遂げた国ゆえの弱点であった。オトラル知事の大局を顧みない行動を許したのも、統制力のなさゆえだったのかもしれない。

ロシア正教会の謎

ロシア建国の宗教戦略とその裏側

部族連合から国家建設へと進みゆくロシア。さらなる成長を遂げるには伝統信仰を捨てて、体系だった宗教を受け入れる必要が生じた。決めかねた勧誘に訪れる使者の説明だけでは判断できず、大公ウラジーミルは信頼の置ける家臣たちを各地に遣わし、五感をもって体験したことを包み隠さず報告するよう命じたのだった。

国教を選ぶために視察団を派遣

ロシアでは一一世紀頃から、修道士たちの手により、年代記という編年体の歴史書が編まれ始めた。歴史書と言いながら、本邦の『古事記』と同じく、伝説や叙事詩が渾然一体と化したものだが。

現存する最古の年代紀は一二世紀初頭に成立したものと見られる『原初年代記』で、編者のなかで唯一、名の伝わるネストルという修道士の名をとって『ネスロルの年代記』、あるいは表題の一部をとり『過ぎし歳月の物語』とも呼ばれている。

右の書によれば、ロシアの地にキリスト教を伝えたのはイエスの一二弟子のひとり、アンデレであるという。さらにはエジプトの神学者オリゲネスが、アンデレがスキュティア（黒海の北方地域）で布教を行なったと記録しており、仮にそれらが史実だとしても、彼らの撒いた種は根づかずに終わったようだ。

個人レベルならいざ知らず、ロシアで公式にキリスト教が受け入れられたのは一〇世紀の末、キエフ大公ウラジーミルのときで、右の年代記によれば、その経緯は以下のごとくだった。

ウラジーミルの治世下、ロシアが成長を遂げてくると、周辺諸国からやってくる使者も増加し、なかには新しい宗教の受容を勧める者もあった。ブルガール人は「イスラム教」、ドイツ人は「カトリック」、ハザール人は「ユダヤ教」、ギリシア人は「東方正教会」といった具合である。ウラジーミルは使者の説明だけでは決めることができず、信頼の置ける家臣一〇人を選び出し、ユダヤ教を除く三つの宗教・宗派について実地調査を行なわせることにした。ユダヤ教を除外したのは、亡国の宗教と認識していたからだった。

イスラム教については、ウラジーミルは使者の説明を聞いた時点からあまり良い印象を抱けなかった。ブタ肉食や飲酒の禁止、さらには割礼の義務付けなど、生活の細部にいたるまでさまざまな制約が及んでいる点が馴染めなかったのである。

調査から戻った家臣から、モスクの内部が雑然とした雰囲気で悪臭もひどいと聞くや、ウラジーミルはまずイスラム教を選択肢から外した。

カトリックについても、ドイツ人の使者がロシア人の伝統信仰に対して非難がましい言葉を並べ立てたことから、あまり良い印象を抱いてはおらず、戻ってきた家臣から、カトリックの教会建築と祈祷には何の美しさもないとの報告を受けるや、これも選択肢から外した。

残るは東方正教会だが、ビザンツ帝国の都を訪れた家臣は美しく広々とした教会堂に案内され、そこで荘厳な儀式を実見する機会を得るのだが、彼らはそれにすっかり魅了されてしまった。

「われわれは天上にいたのか地上にいたのかわかりませんでした。地上にはあれほどの美しさはないので、何かに譬えることもできません。あそこでは神が人とともにおられ、東方正教会の儀礼がすべてに優っていることは間違いありません」

家臣たちの帰朝報告を聞いただけでも、彼らがいかに大きな衝撃を受けたかが感じられる。彼らの驚きや感動がウラジーミルにも伝わったか。彼はビザンツ帝国から東方正教会を受け入れ、国教とすることを決めたのだった。

かくしてウラジーミルは洗礼を受け、ビザンツ皇帝バシレイオス２世の妹アンナと結婚する。改宗が政治的な動機ではなく、心からのものであることを示そうと、ウラジーミルはそれまで連れ添っていた五人の正妻および八〇〇人の側室と離婚したうえ、それまで崇めてきた雷神ペルーンの像を川へ投げ捨てた。さらにはキエフの全住民をドニエプル川の河畔に集めて集団洗礼を行なわせるなど、派手なパフォーマンスを演じたのだった。

ウラジーミルの洗礼に関し、年代記の内容をどこまで信じてよいのか、正直なところわからない。年代記の編者は東方正教会の修道士だから、自分たちの宗派を持ち上げ、他の宗派や宗教を貶めた可能性は十分にありえる。とはいえ、家臣たちの報告として語られる内容は、伝統信仰以外に縁のなかったロシア人の目に他の宗教がどのように映ったかが如実に示されていて、実に興味深くはある。

ウラジーミルにはそもそも選択肢がなかった?

伝承は伝承として、ウラジーミルが東方正教会を選んだ理由は当時の国際関係に求められる。ロシアに隣接してさまざまな国家や民族がひしめくなか、ビザンツ帝国の国力はずズバ抜けており、洗練さで言うなら他の追随を許さない域にあった。ときに紀元九八七年、ビザンツ帝国で内乱が起こり、皇帝バシレイオス2世からウラジーミルのもとに援軍要請が寄せられてきた。見返りとして、皇帝の妹アンナを妻として授けるとの約束つきで。

ウラジーミルは喜び勇んでこれに応じたが、皇帝の妹を迎えるとなれば、格下である自分も東方正教会に入信する必要がある。縁組を成立させるためにも、ウラジーミルには選択の余地がなかったのが実情だった。

それまでの交流の歴史を顧みても、キエフ公国ともっとも深い関係にあったのはビザンツ帝国だった。それに比べれば、カトリック諸国との関係は極めて薄く、ユダヤ教やイスラム教とでは慣習の違いが大きすぎた。どれか一つを選ばなければならないのであれば、東方正教会を取るのが自然な流れでもあったのだ。

もうひとつ断言できるのは、ウラジーミルの改宗が上辺だけはなく、実を伴うものであった点である。それはロシア人に限らず、スラブ系諸民族の多くに東方正教会が浸透したことからも裏付けられる。

ちなみにソ連の崩壊後、ロシアにはキエフ公国の存在をロシアの歴史から外す動きが顕著となっているが、それはあまりにも政治的にすぎる。キエフ公国建国時にはまだロシアとウクライナの別などなく、単に「ルーシ」と呼ばれていた。しかもキエフ公国の建国者リューリクは北欧から招聘されたヴァイキングだった。

現在の国家や民族の別に捉われていては、歴史を正しく認識することができなくなる。キエフ公国やロシア正教会の誕生秘話は、そのことを改めて示してくれている。

アルメニア人虐殺の謎

トルコとアルメニアのいまだに埋められない深い溝

事件は第一次世界大戦の最中に起きた。強制移住をさせられたアルメニア人は徒歩での移送中、何度も襲撃にさらされ、まずは金目の物、つぎには衣服、次には命をも奪われたのである。なぜこのような虐殺が起きたのか。この問題は一〇〇年以上前の出来事でありながら現在も尾を引き、トルコ・アルメニア間の関係正常化の大きな妨げとなっている。

反感を買った理財の才

一五から一六世紀にはヨーロッパのキリスト教世界全体を恐怖で震え上がらせたオスマン帝国。

その最大版図は、北アフリカでは現在のアルジェリア、ヨーロッパ大陸ではヴェネツィアとウィーンの一歩手前、南は現在のイエメン、東はペルシア湾（アラビア湾）にまで達し、属国を含めれば黒海を九割がた囲うほどで、古代ローマ帝国とアレクサンドロス帝国の最大版図には及ばないまでも、それらに次ぐ巨大帝国であることは間違いなかった。

だが、オスマン帝国の快進撃も一六八三年の第二次ウィーン包囲を最後に終わりを告げ、一九世紀後半以降は、版図を蝕まれるだけではなく、国内経済をも西欧列強に左右される始末となった。

心のゆとりを失った人間ほど凶暴な生き物はなく、オスマン帝国の場合、憎悪の矛先は少数派のアルメニア人に向けられた。

アルメニア人は黒海とカスピ海に挟まれたカフカス地域から小アジア東部、イラン北西部にかけて居住した民族で、宗教的にはノアの箱舟伝説で有名なアララト山を聖なる山として慕う、東方キリスト教のアルメニア使徒教会に属していた。オスマン帝国の衰退にともない、彼らの居住域はオスマン帝国とロシアにより分断された。

ときに西欧列強の商人たちは貿易相手を選ぶに際して、イスラム教徒よりもキリスト教徒であるアルメニア人を優先させた。アルメニア人のなかでも商売を有利に運ぶためにカトリックやプロテスタントに改宗する者が多く現われ、大富豪と化す者が続出した。こうした風潮がイスラム教徒の嫉妬を買わないはずはなかった。

それまでのオスマン帝国では住民を宗教単位で捉え、民族という概念は希薄だった。けれども、版図の縮小にともない状況が変わる。トルコ・ナショナリズムの勃興と時期を同じくしてアルメニア人に対する迫害が始まったのである。

移送中のアルメニア人を襲った惨劇

オスマン帝国国内で民族問題が深刻化するなか、第一次世界大戦が勃発。オスマン帝国はドイツ、オーストリア＝ハンガリーと同じ陣営に属し、主にロシア軍と戦うこととなった。

カフカスを南下して小アジアをうかがうロシア軍が、オスマン帝国内のアルメニア人に誘いをかけないはずはなく、アルメニア人のなかでもこれに応じ、オスマン軍から脱走する者やロシア軍に内応する者が現われ、オスマン政府内部ではアルメニア人に懲罰をとの声が高まることとなった。

かくして一九一五年四月頃に開始されたのが帝国内に居住する全アルメニア人の強制移住で、当初の計画ではシリアの砂漠地帯にあるユーフラテス河中流域の町デリゾールまで徒歩で行かせた。しかし、途中、クルド人やその他の武装勢力による略奪や殺戮に幾度もさらされ、生き延びることのできたのは、イスラム教に改宗するか国外逃亡に成功した者だけだった。

現在のアルメニア共和国では、このときの惨劇の犠牲者の数を一六〇万とも二〇〇万人とも主張しており、トルコ共和国との国交正常化交渉の大きな妨げとなっている。

ユダヤ人には一歩譲るにしても、アルメニア人も「離散の民」と呼ばれ、商才に長けていることで聞こえている。二〇一六年時点のアルメニア共和国の人口が約三〇〇万人であるのに対し、国外で暮らすアルメニア人は八〇〇万人を数え、居住国に帰化したアルメニア系も含めれば、その総数は数千万人に及ぶ。

第一次世界大戦中の「虐殺」だけでなく、一九世紀末から強まった迫害や第一次世界大戦後の共産主義体制を嫌い、新天地を目指した者、さらには古代アルメニア王国や中世のキリキア・アルメニア侯国の滅亡時に離散した者も少なくないのである。

離散の理由は何であれ、現在世界に散らばるアルメニア人は「トルコ人憎し」の点で一致している。欧米の議会で、オスマン帝国によるアルメニア人虐殺を事実と認定する決議が相次いで採択されているのも、アルメニア系有権者のロビー活動が功を奏した結果で、彼らの活動はトルコ共和国のEUへの加盟を阻む一因ともなっている。

一方のトルコ側の見解だが、トルコ共和国政府は移送途中に多くのアルメニア人非戦闘員が命を落としたことは認めているが、死者の数は多くても六〇万人で、上からの殺害命令はなく、護送にあたった兵士に過失があったわけでもないとして、一歩も引く様子を見せずにいる。

ちなみに、第一次世界大戦後の一九二〇年八月に締結されたセーブル条約では、現在のトルコ共和国東北部にアルメニア共和国、その南にはクルド自治領が設けられることになっていた。

しかし、ムスタファ・ケマル率いる新生トルコ軍によりその夢は打ち砕かれ、一九二三年七月に締結されたローザンヌ条約では、アルメニア共和国の独立もクルド自治領の設置も白紙化されていた。

多くの同情を集めながら、アルメニア共和国が夢と散った背景には、パリ講和会議に臨んだアルメニア人代表の要求が過大であったことも関係した。彼らが求めたのは古代アルメニア王国と中世のキリキア・アルメニア侯国の版図を併せた範囲、すなわちカフカス南部から小アジアの東部一帯、地中海に達するまでで、あまりに非現実的であったことから、アルメニア人に同情的であった戦勝国代表たちに冷水を浴びせる結果になったことは疑いようもなかった。

ともあれ、ローザンヌ条約の結果、キリキア・アルメニア侯国の都であったアニの遺跡はトルコ領とされ、そこから谷底を流れる川で隔てられた対岸のアルメニア領には見張り台があり、現在でもトルコ側の動きを日夜監視し続けている。

エカテリーナ宮殿「琥珀の間」の謎

ナチスに略奪されたロマノフ朝の遺産はどこに消えた?

ナチス・ドイツの占領下では必ず美術品の略奪が行なわれた。画家を目指したことのあるヒトラーらしい行為であるが、大戦終結後も発見にいたらない美術品が数多く存在する。エカテリーナ宮殿から略奪された「琥珀の間」もそのなかのひとつだった。

●忽然と消えた重さ6トンの「琥珀の間」

二〇〇三年五月三一日、ロシアの古都サンクトペテルブルグで建都三〇〇年祭が催されたが、世界各国の首脳を前にして準備された最大のイベントは、第二次世界大戦で失われた巨大な美術品「琥珀の間」を復元したもののお披露目だった。

大戦が勃発するまで、その部屋はエカテリーナ宮殿の北翼に位置し、壁全体に精巧な琥珀細工が施され、《視覚》《聴覚》《味覚》《触覚と嗅覚》という人間の五感を表わす四枚のモザイク画が飾られており、ロシアの国力を誇示する場でもあった。軍事力や経済力をつけただけでなく、美的感覚でも他の列強に引けを取らないという自尊心を得るために。

帝政時代には一般公開されず、特別な人間にだけ門戸が開かれた。そのようなお宝を、美術品に執着を抱くナチス・ドイツが放置しておくはずがなく、独ソ戦の開始からまもなく、「琥珀の間」を最初の悲劇が襲った。ソ連軍の奮戦によりレニングラード（現在のサンクトペテルブルク）こそ死守されたものの、郊外のツァールスコエ・セロにあった夏宮（エカテリーナ宮殿）は無事には済まず、そこにあった「琥珀の間」も、ケーニヒスベルク（現在のカリーニングラード）へ運び去られてしまった。

大戦の流れが変わり、米英とソ連を中心とする連合国軍が反撃に転じると、前線に近いケーニヒスベルクも争奪の場と化した。ソ連軍が入市を果たしたときには英軍の空襲により市街が瓦礫の野と化し、ケーニヒルベルク城も被弾して無残な姿をさらしていた。わずかな期待を胸に城内をくまなく捜索してみるも、「琥珀の間」は跡形もなく消え失せていた。

高まる「琥珀の間」全体の発見への期待

連合国軍の反撃が本格化するにともない、ケーニヒスベルク城では「琥珀の間」を疎開させようと、再び解体して梱包する作業が行なわれた。数々の証言でそこまではわかったのだが、問題はその後である。「琥珀の間」は空襲により砕け散ったのか、それとも市街戦の最中に燃え尽きたのか。そうではなく、どこか別の場所に移され、そのままになっているのか、散逸してしまったのか、様々な憶測が飛び交うなか、入念な追跡調査が継続された。

ナチスが財宝を隠したと疑われる場所はしらみ潰しに探してみた。それにより救出された美術品も数多くあったが、それらの中には「琥珀の間」とそれにつながる情報は一切確認されなかった。

じたいが最初に動いたのは一九四九年五月のこと。ナチス・ドイツのもとで東プロイセン大管区長官を務め、「琥珀の間」の消息についてもっとも詳しく知るはず

サンクトペテルブルグにあるエカテリーナ宮殿

の人物エーリッヒ・コッホの潜伏先がわかり、逮捕にいたったのである。一九五九年三月には死刑を宣告されながら、健康上の理由で終身刑に減刑された。

しかし、度重なる尋問にさらされながら、コッホはかんじんなことを話さないまま、一九八六年に死亡した。死の間際、「私のコレクションがあるところに、琥珀の間は存在する」と謎めいた言葉を残しており、上にも内緒であちこちに美術品を隠匿していた余罪があることから、「琥珀の間」もどこかに秘匿されているとの期待が高まった。

次に事態が動いたのは冷戦終結の余韻も冷めた一九九七年のこと。ドイツのポツダム警察から、一件の情報がもたらされた。「琥珀の間」に掛けられていた「モザイク画」を売り込んできた男が現われたというのである。

当初、捜査当局は贋作であろうと踏んでいたが、証拠として提供された動画を調べるうち、懐疑の念は確信へと変わっていた。間違いなく本物、「琥珀の間」を飾っていた四枚のモザイク画のうちの一枚《触覚と嗅覚》であると。

それからまもなく、今度は「琥珀の間」に置かれていた箪笥が発見される。《触覚と嗅覚》と同様、盗品市場に流れていたもので、こちらも本物と鑑定された。

盗まれた美術品は元の所有者に無償で返還するのが国際的なルールで、盗品とは知らずに購入した人との調整が必要であったが、結局のところ、二〇〇〇年四月二九日、プーチン大統領もその場に駆けつけるなか、モザイク画の《触覚と嗅覚》および箪笥は、ドイツからロシアへ返還されたのだった。

地価の隠し部屋に高まる期待

モザイク画の《触覚と嗅覚》と箪笥の発見により、「琥珀の間」の残りの部分に対する期待が高まった。トレジャーハンターたちの動きも活発化し、近年もポーランド北東に位置するマメルキ村やドイツのエルツ山地で重大な発見がなされたとの報道がイギリスのタブロイド紙「デイリー・メール」などから発せられている。

マメルキ村に関しては、先述のエーリッヒ・コッホが同村の軍事施設の地下に隠し部屋のある可能性について言及しており、元ナチスの護衛からも、一九四四年の冬、厳重に警備されたトラックがやってきて大量の荷物を降ろし、荷物が運び込まれた場所は密封されたとの証言を残している。

以上の証言に基づき、これまでに何度も捜索が実施されたが、いまだ発見にいたっていない。けれども、地中レーダーによる調査の結果、とある旧軍事施設の地下に幅二メートル、奥行き三メートルほどの隠し部屋の存在が明らかになったことから、そこに何らかの財宝が眠っているとの期待が大いに高まっている。

一方のエルツ山地に挑んでいるのは三人のドイツ人で、信頼できる情報提供者からの話に基づいて、同山中で洞窟を発見した。一九四五年四月にケーニヒスベルグ発の列車がそこから近い駅に停車した事実も確認できていることから、当人たちは自信満々で、現在は捜索の継続に必要な資金集めに奔走している最中だという。

「琥珀の間」とは言わないまでも、ナチスの何らかの財宝が発見されれば、財宝探しがさらにヒートアップするものと予想される。

隋と宋の皇帝の謎

現皇帝が次期皇帝に暗殺された？正史はなにを語る

果たして、隋の文帝（楊堅）はわが子に、宋の太祖（趙匡胤）は母を同じくする弟に殺されたのか。唐代に編纂された正史は弑逆が行なわれたことを明記し、宋代初期の僧侶は太祖の亡くなった夜の不可解な出来事について書き残している。隋と宋の建国者は自然死を遂げたのか、それとも暗殺されたのか。事の真相やいかに。

煬帝はとことん腹黒い人物だったのか

皇帝たる身分の者が自分の近親によって殺害され、しかもその殺害者が次期皇帝となる。そんなまさかと思われる出来事が中国史上で複数回あった可能性がある。

高校の歴史教科書レベルでは、隋王朝を創始し文帝《ぶんてい》（楊堅《ようけん》）と宋王朝を創始した太《たい》祖《そ》（趙匡胤《ちょうきょういん》）がその被害者と目されている。

文帝被弑説については、唐代に編纂された正史『隋書』の「文帝本紀」に詳しい。同書によれば、文帝の正妻である独孤《どくこ》皇后が大変嫉妬深かったために、文帝は側室たちのもとへ通うことすらままならなかった。

その反動もあってか、六〇二年に独孤皇后が亡くなってからというもの、文帝は自分が滅ぼした南朝・陳の皇女である宣華《せんか》夫人を溺愛して、片時も側から離さなかった。

ようやく自由な性生活を楽しめるようになった文帝だが、幸福というのは長く続かないのが定めなのか、文帝は六〇四年七月から重病の床に就いた。宣華夫人は甲斐甲斐しく看護に努め、側近の柳述《りゅうじゅつ》と元巌《げんがん》、次男で皇太子の楊広《ようこう》（のちの煬帝《ようてい》）などども、いつ何が起きてもすぐ対処できるよう泊まり込みで待機していた。

同年一〇月、回復の兆しが一向に見られないなかで事件は起きた。その日、宣華夫人が小用のため席を立った際、楊広が強引に言いより、力ずくで犯そうとしたのである。

宣華夫人は必死に抵抗して文帝のもとへ逃げ戻るが、夫人の顔色は尋常でなく、

◆隋王朝の系図

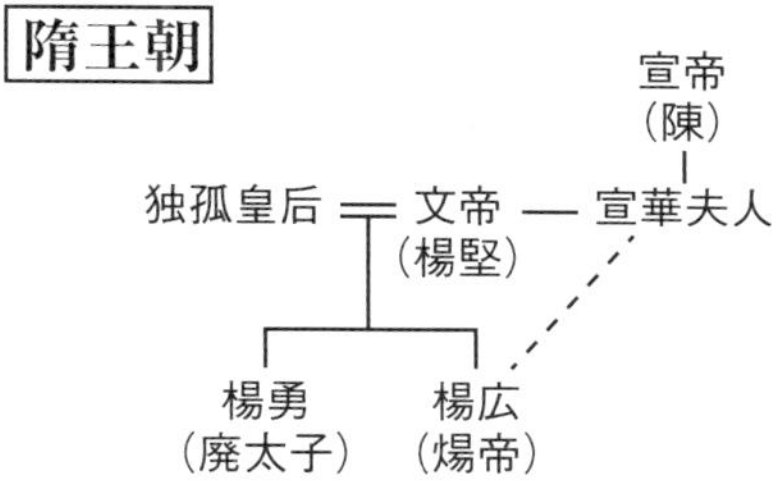

呼吸も荒々しい。髪飾りや衣装も乱れたままで、怪しんだ文帝から何があったのか問われると、夫人は正直に「太子無礼なり」と答えた。

当然ながら文帝は怒り心頭に発し、柳述と元巌を呼び寄せると、「我が児を召せ」と命じた。柳述らが楊広を呼びに行こうとすると、文帝は「間違えるな。廃太子のほうだ」と付け加えた。廃太子とは文帝の長男楊勇《ようゆう》のことで、不行跡を理由に皇太子の座から下ろされ、長安で拘禁中の身にあった。

文帝はこの期に及んで、楊広の親孝行ぶりがすべて演技で、楊勇の失脚も楊広の仕組んだ陰謀であると気づいた。そこで改めて楊勇を皇太子に立てようと考えたのだった。

しかし、侍臣のひとりが右の一件を楊広に近い重臣に伝えたため、事態は急変し、ただちに楊広の知るところとなった。そこからの楊広のとった行動は素早く、詔勅と偽って柳述と元巌を捕らえ未決監に収容すると、自身の宿衛兵に宮門を固めさせ、側近をやって文帝の病室を厳重に包囲。近侍や宮女をことごとく寝所のある仁寿宮から追い出したうえで、その側近に文帝の息の根を止めさせた。

次に楊広は宣華夫人のもとへ使いをやり、贈り物を届けさせた。中身は指輪と同心結（恋文）で、受け取りを拒絶すればどうなるかは火を見るよりも明らかだったことから、宣華夫人には選択の余地はなかった。その夜、楊広と褥をともにしたのだった。

文帝の喪が発せられたのはそれから九日目で、その間に楊広の弟の楊役が長安に赴き、文帝の詔勅と偽って、楊勇を自殺させていた。楊広の即位後には柳述と元巌に流罪が言い渡され、ここに楊広による文帝弑逆と帝位簒奪は完成を見たのだと、正史の『隋書』には記されている。

もっとも、『隋書』が編纂されたのは唐の時代で、王朝交代を正当化させるために煬帝の悪辣さが誇張されている疑いもぬぐい切れず、文帝の死が他殺であったどうかの判断は保留とするのが賢明なようである。

太宗は帝位を簒奪したのか

次に、時代は変わり宋の太祖はどうか。太祖は深酒をして寝入っているところを将兵たちに担ぎ出され、帝位についたという経歴の持ち主。実際のところ、すべては弟の趙匡義《ちょうきょうぎ》（趙光義。のちの太宗《たいそう》）と書記の趙普の描いた筋書きで、太祖自身が絡んでいた可能性も捨てきれない。大事な遠征途中で、総司令官が泥酔するまで深酒するなど、常識的にはありえないことだからである。

太祖には何人も男子がいたのに、なぜ弟が皇位を継ぐことになったのか。正史は二人の生母である杜太后の遺令、年少の後継者に不安を感じたからと説明しているが、同時代を生きた文瑩《ぶんえい》という僧侶の随筆『湘山野禄《しょうざんやろく》』には奇妙な話が載せられている。

雪の夜、太祖は晋王（趙匡義）を呼び、宦官も宮女も遠ざけ、二人きりで酒を酌み交わした。側近たちの目には、はるか屏風を隔てて、二人の影が見えるだけだったが、それによれば、ときどき晋王が後ずさっているように見えた。三更を過ぎ、

◆宋王朝の系図

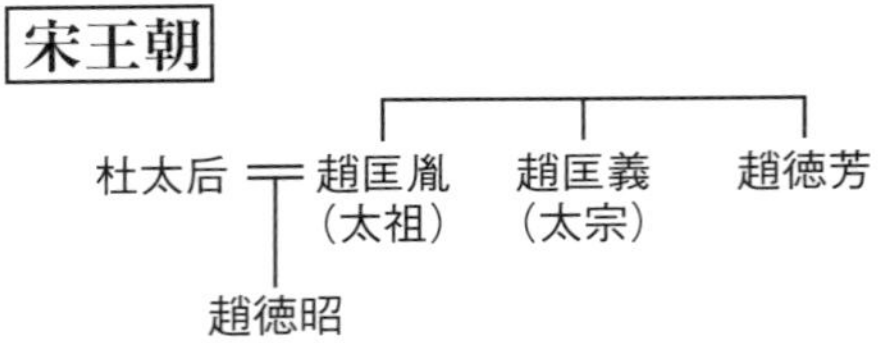

雪がたっぷりと積もった頃、斧で雪を叩く音や、太祖の「よくやってくれよ」という声が聞こえてきた。その後、太祖のいびきが聞こえるだけとなり、やがて夜明け近くになって晋王が出てきて、太祖の崩御を告げたという話である。

何とも奇妙な話で、後世の人のなかにはこれを「斧声燈壁」と呼び、晋王による太祖弑逆の暗喩と解釈する者が少なくなかった。同時代であれば、「弑逆」と明記したのが発覚すれば重罰を免れない。それを回避するため、思わせぶりな記述に留めたというのである。

そう言われてみれば、太宗の即位をめぐっては不自然な点が多々あった。第一点は改元で、それまでの慣例では年明けとともに改元するのが普通であったのに、この時だけ太祖の崩御した九七六年一〇月二〇日に改元がなされた。残すところあと四〇日しかなかったというのに。

第二点としては太宗の弟趙光美の失脚、第三点としては太祖の長男徳昭の自殺、第四点としては太祖の末子徳芳の急死を挙げることができる。杜太后の遺令によれば、太宗の次には光美が帝位を継ぐものとなっていたが、光美は太宗により王位を剥奪され、憂悶のうちに亡くなることとなった。武功王の位を得ていた徳昭の自殺は太宗に強いられてのもので、まだ二歳か三歳の幼児であった徳芳の死にも不審な点があったという。

さらに第五点としては、太祖の正妻である宋皇后が亡くなったとき、皇后の礼で葬られなかったことが挙げられる。これは太祖を軽んずる行為に他ならず、正史はその理由について黙して何も語らない。

以上の状況証拠からすると、杜太后の遺令の実在自体も怪しくなり、太祖の死と太宗による継承過程についても、疑惑が深まるばかりというのが、正直な感想である。

玄武門の変の謎

唐王朝の名君、李世民の血塗られた過去

唐王朝の幕開けは陰謀の応酬で飾られた。どこまでが李世民の功績なのか本当のところがわからない。李淵の挙兵からして、李世民の主導によるのかどうか疑わしい。兄の建成と弟の元吉が李世民に敵意を募らせ、双方の緊張が高まるなかで「玄武門の変」が起きるのだが…。やぶの中にあるこの事件の真相をたどる。

隠しきれなかった名君の影の部分

唐の太宗《たいそう》（在位六二六〜六四九年）は中国史上屈指の名君とされる。その治世はときの年号をとって「貞観《じょうがん》の治《ち》」と呼ばれ、君臣一体となり理想の政治を追求した時代というので、日本でもそれにあやかろうと、清和天皇の時代に貞観の年号（八

五九〜八七七年）が採用されている。また太宗が政治上の得失を群臣とやりとりした問答や群臣たちの事跡を分類編纂した書物『貞観政要』は治世の要諦を説いた政治教科書として、中国のみならず朝鮮や日本の為政者の間で広く読まれていた。

だが、唐の太宗と貞観の治については、美化されすぎている疑いがある。とりわけ即位前と即位にいたる経緯については不審な点が多すぎる。嫡男でない彼が帝位を継いだことを正統化するため、彼の在世中に編纂された『高祖実録』と『太宗実録』の担当係官が筆を曲げた可能性が否定できない。

太宗の本来の名は李世民《りせいみん》。父の李淵《りえん》（のちの高祖《こうそ》）は隋の煬帝《ようてい》と母方の従兄弟の関係にあった関係上、篤く信頼され、離宮の一つがある太原留守の大役を任されていた。

ときに隋では、六一三年に起きた「楊玄感《ようげんかん》の乱」をきっかけとして全国各地で反乱が勃発。巷ではこんな歌謡も流行っていた。

江の南で楊が散れば
河北は李の花盛り

楊氏の隋に李氏が取って代わるとの予言だが、楊玄感の幕僚であった李密《りみつ》が独立して群雄のひとりになっていたことから、おおかたの人は、予言にある李氏を李密であると思っていた。

よもや李淵が裏切ることはあるまい。煬帝はそう信じていたが、李淵の周囲には彼に挙兵を促す者が少なからず存在した。そのなかの一人に二男の李世民がいたのである。

李世民の説得により、李淵の心は大きく揺らいだが、なかなか決心がつかない。それならば挙兵せざるをえない状況を作り出そうと画策したのが、離宮の管理官を務める裴寂《はいせき》と晋陽《しんよう》県令の劉文静《りゅうぶんせい》で、彼らは李世民と話し合ったうえで大胆な作戦を実行に移した。李淵に一夜の女性をあてがい、翌日になってそれが離宮の女官であることを告げたのである。煬帝の御囲の女性に手をつけたとあっては極刑を免れず、それを避けるには謀反に踏み切るしかなくなったのである。

すなわち、李淵の挙兵は李世民の主導によるか、李世民が一枚噛んでいたことになるが、当時の李世民は二〇歳。人の成熟度には個人差や時代、身分による差などもあるけれど、少なくとも李世民を主謀者とする説には疑問符をつけざるをえない。

正当防衛だったのか、単なる政変か

結局、隋末の動乱は李淵によって鎮められ、唐王朝の始まりとなるのだが、李淵には李世民のほか、長男建成《けんせい》、四男元吉《げんきつ》と三人の男子がいた。三男玄覇《げんぱ》は早くに亡くなっており、他の二〇人余はまだ幼少だった。

長幼の序を重んずるなら、皇太子は建成で決まりのはずだった。世民より九歳年上で、性格は仁厚。李淵が一時危機に陥ったときには兄弟心を一つにして乗り越え、武勲の数でも世民に劣りはしなかった。先述した『高祖実録』と『太宗実録』には、狩猟と酒食を過度に好んだと記されているが、どちらも世民の在世中に編纂された記録なので、文字通りに受け止めるのはためらわれる。

兄弟間の不和が表面化するのは、唐による天下統一が時間の問題となった頃からで、これには父李淵の優柔不断さも関係していた。建成を太子としながら、世民に天策上将という位を授け、幕府の開設を許可したことはまずく、天策上将の待遇が王公に優ったことから、建成と元吉の心中が穏やかであるはずはなかった。

先述の記録には後宮内における世民への逆風、元吉による世民暗殺計画、父子・

兄弟間の命令系統の混乱など、産声を挙げたばかりの唐王朝を根幹から揺るがしかねない事態が生じていたことがうかがえる。

そして大事が起きたのは六二六年六月四日の未明のことだった。長安宮城の北門である玄武門において、参内しようとする建成と元吉が世民によって殺害されたのである。これより高祖李淵は世民の監視下に置かれ、世民を皇太子に指名。世民はそれに基づき、同年八月に即位するのだった。

世に言う玄武門の変を、『高祖実録』と『太宗実録』は正当防衛であるかのように、次のように語る。

世民と建成・元吉間の反目が強まるなか、建成は勇将の尉遅敬徳《うっちけいとく》を味方につけようとするが、敬徳は頑として受け付けない。世民に味方されるよりは亡き者にしたほうがよいと、元吉が何度も刺客を送り込むが、敬徳はこれを巧みに躱す。

尉遅敬徳みずからが知らせたこともあって、世民もその間の経緯をすべて把握していた。元吉が新たに世民暗殺を企てるのは必定。房玄齢《ぼうげんれい》や杜如晦《とじょかい》、長孫無忌《ちょうそんむき》といった側近たちは世民に機先を制するよう進言したが、世民にはなかなか決断を下せずにいた。

そうこうするうち、房玄齢と杜如晦を免職にするとの勅命が下されたのに続いて、元吉を司令官とする突厥《とっけつ》の討伐軍に世民の宿将たちをこぞって編入させる計画が漏れ聞こえてきた。世民を丸裸にしようとしているのは明らかで、事ここに及んでは世民も情けを捨てるほかなく、玄武門《げんぶもん》で待ち伏せをして、兄建成と弟元吉を殺害したというのである。

繰り返しになるが、これらは太宗在世中に編纂された『高祖実録』と『太宗実録』に記されるところで、どこまで真実を伝えているかは判別がつかない。本当に正当防衛であったのか、単なる政変であったのかも。

とはいえ、太宗が名君と呼びうる人物であったのは間違いなく、則天武后《そくてんぶこう》による「武周《ぶしゅう》革命」（六九〇～七〇五年）と安禄山《あんろくざん》・史思明《ししめい》による「安史《あんし》の乱」（七五五～七六三年）を間に挟みながら、唐王朝が二五〇年以上も命脈を保てたのも太宗時代にしっかりと基礎が整えられたからにほかならなかった。

第6章

「遺体・遺骨」が語る歴史を超えたメッセージ

アイスマンの謎

調査でみえてきた五三〇〇年前の冷凍ミイラの人物像

一九九一年にアルプスのエッツ渓谷の氷河で見つかった約五三〇〇年前の男性の冷凍ミイラは「アイスマン」と名付けられた。解剖の結果、体内からピロリ菌が発見されるなど、さまざまな病魔に苦しめられていたことがわかった。腸内やDNA、所持品などの調査からも驚くべく事実が数多く判明した。

医学の歴史を覆す発見か!?

二人のドイツ人ハイカーにより、イタリア・オーストリア国境付近にあるアルプスのエッツ渓谷の氷河で通称「エッツィー」または「アイスマン」が発見されたのは一九九一年のことだった。標高三二一〇メートルの地で発見されたそのミイラは奇跡的なまでに保存状態がよく、最新の科学技術を駆使した調査から驚くべき事実がいくつも明らかとなった。

第一に死因だが、これは明らかな他殺で、殺害されたのは前三二五〇年頃の初夏。肩に受けたばかりの矢傷も確認されるが、直接の死因は頭部を激しく殴打されたことによる脳挫傷。身長一六〇センチ、体重五〇キロで筋肉質な体型をしており、推定年齢は四〇から五〇歳、瞳と髪の毛の色は茶色で、肌の色は白色と、外見についてもほぼ判明したと言ってよい。

体内の解剖もなされたが、それ以前、身体の表面を調べただけでも、驚くべき真実が明らかとなった。頭部から足先まで全身を覆い尽くすかのように線または十字からなる刺青が五〇か所以上も確認されたのである。

皮膚に細かな刻み目を入れたところに木炭を塗り込んだものであることから、この刺青は装飾ではなく、医学目的でなされたと考えられる。その部位が関節痛や腰痛などの傷害や痛みが起こりやすい箇所に集中していることから、刺青は鍼灸治療のツボの目印としたのではないかとの説が、一部の研究者から唱えられもした。

オーストリアの医師レオポルト・ドルファーはそのひとりで、彼が皮膚にある一五の刺青と経穴《けいけつ》（ツボ）の位置を比較検討したところ、そのうち九つが経穴から六ミリ以内、三つが六ミリから一三ミリ以内、二つがツボではないが経絡《けいらく》（ツボの筋道）上、一つが丘墟《きょうきょ》（外くるぶしの前斜め下の窪み）と解谿《かいけい》（足首の前面中央にあるツボ）の中間という結果が出た。もしドルファーらの仮説があたっているなら、中国で経絡やツボが認識されるより少なくとも二〇〇〇年前すでに、同じユーラシア大陸の西のほうで鍼灸治療の原型が生まれていたことになる。仮説通りなら、医学史の常識を覆す大事件としても過言ではなかろう。

最後に食べた物とは

アイスマンは筋肉質な体型とはいえ、当時としては高齢者の部類。身体のあちこちにガタがきていてもおかしくなかった。

ミイラ遺体をくまなく調べたところ、関節の摩耗や動脈硬化、胆石、ヒ素中毒、ライム病（マダニを介した感染症）、歯周病、虫歯、凍傷など四〇余りの病状とピロリ菌の存在も確認された。全身これ病魔の巣といった具合である。それ以外にも親知らずが二本ともなく、二本の前歯の間に隙間があり、一二番目の肋骨が欠けているなど数々の異常が認められながら、四〇歳を超えてなお生きていたのが不思議なレベルでさえあった。

解剖の結果、他にもわかったことがある。それは最後に口にしたもの。胃の中に残っていたことからすると、死亡する二時間前に最後の食事を摂ったと考えられる。アイスマンの胃に残っていたのは、穀物とアイベックスの肉だった。

アイベックスとは足の速い野生のヤギの一種。アイスマンが口にしたのは生や焼いた状態ではなく、脂身の多い干し肉かベーコンの可能性が高いという。それもイタリア北部の南チロル地方に生息していたアイベックスというから、アイスマンは高齢なボロボロな身体になりながら、移動生活を送っていたとも考えられる。

死亡した季節が初夏と判断された根拠は体内から検出された三〇余りの花粉であるが、これまた移動生活を送っていたことの証左かもしれない。

先述した肩の矢傷は、胸郭と左の肩甲骨の間にある大血管を切断するほどのものだったが、直接の死因が頭部への殴打で、周囲に他の遺体がないことからすれば、何らかの理由で追われる身であった。アイスマンが標高三二一〇メートルの地点で矢による深手を負い、動きの鈍くなった状態でとどめを刺されたという推測も成り立とう。

現存するアイスマンと同じ遺伝子を持つ人びと

アイスマンの所持品からわかったこともある。帽子や矢筒、上着、腰巻、草が敷き詰められた履物、ぴったりとしたゲートル（脚半）など、身に着けていた装具すべてに動物の皮革が使用されていた。帽子の毛皮はヒグマのもので、矢筒は野生のノリジカの革、上着はヤギやヒツジなど家畜の革の縫い合わせからなるといった具合である。ゲートルについては、材料としてスイスのシュニデヨッホで発見された約四五〇〇年前のそれと同様の皮革が使用されていることから、アルプス山脈でつながる広範囲で長期に渡り、技術や生活習慣が共有されていたことがうかがえる。

最後に遺伝子調査からわかったことにも触れておこう。オーストリアのチロル地方に住む三七〇〇人のサンプルと照合したところ、そのうち一九人から、アイスマンから見つかったのと同じく、極めて珍しい突然変異体が確認された。このことはアイスマンと右の一九人が共通の先祖を持っていたことを表わしており、それは今から一万年から一万二〇〇〇年前に生きていた人類と考えられる。

シルク王失踪の謎

謎を解き明かす映画プロデューサーの「ある記事」とは

元スパイの経歴を持ち、タイのシルクを世界中に広めたアメリカの大富豪ジム・トンプソンの失踪にはマレーシアのマラヤ共産党が関与していたのか。アメリカのドキュメンタリー映画スタッフが多くの関係者にインタビューを試み、導き出したある仮説とは。

突然消えたシルク王はどこへ？

「ジム・トンプソン」といえば、タイシルクの有名ブランド。七十代以上の日本人であれば多くを説明する必要もなかろうが、それ以下の世代には改めて、タイシルクに絡む迷宮入り事件について説明しなければなるまい。

事件の被害者はジム・トンプソンというアメリカ国籍のビジネスマンで、CIA（中央情報局）の前身であるOSS（戦略事務局）のバンコク支局長を務めていた経歴もあり、タイの政財界にも深く食い込んでいた。第二次世界大戦中は欧州戦線で過ごしたというから、現場を知る正真正銘のスパイだった。

そのジム・トンプソンが、マレーシアの首都クアラルンプール北方の高級避暑地キャメロン・ハイランドにあるムーンライトコテージ（月光荘）滞在中の一九六七年三月二六日、散歩に出た切りぷっつりと消息を絶ってしまった。軍や警察、地元住民などが総出で捜索したにもかかわらず、当人はおろか、手がかりや遺留品の類いも一切見つからなかった。

ジャングルでトラに襲われたか、遭難したか、自殺をしたか、誘拐されたか、様々な説が飛び交ったが、遺体や遺留品どころか血痕も見当たらず、身代金要求もなかったことから、捜査は完全に暗礁に乗り上げた。前歴が前歴だけに何らかの組織に拉致されたことも考えられたが、それであればもはや現地当局の手に負える問題ではなかった。

この事件に対する関心は日本でも高く、松本清張の『熱い絹』という作品はこの事件を題材としている。同作品では、月光荘の管理人夫婦による金目当ての犯行とされているが、現実には迷宮入りのまま歳月だけが過ぎていった。

末端の組織の独断か

永遠に謎のままかと思われた失踪事件だが、二〇一七年一二月になって大きな動きがあった。タイの英字紙「ネーション」が、アメリカのドキュメンタリー映画プロデューサーによる謎解きの記事を掲載したのである。同プロデューサーが制作した記録映画「誰がジム・トンプソンを殺したのか」は同年一〇月、アメリカのオレゴン州を最初として、すでにバンコクでも公開されていた。

同作品には二人の有力な証言者が登場する。ひとりはマラヤ共産党（CPM）の幹部だった父を持つテオ・ピンという人物で、彼の父親が死の床で、植民地政府やイギリス軍と戦った過去に加え、「ジム・トンプソンがCPMの最高幹部で当時最重要指名手配されていた人物との接触、面会を試みていた」ことを明らかにしたというのである。

すでにスパイを引退していたトンプソンがなぜそのような行動に出たのかは不明

ながら、当時のキャメロン・ハイランドはＣＰＭの主要潜伏地で、月光荘に司令部が置かれていた時期もあるなど、月光荘のスタッフにもＣＰＭのシンパが残っていた。そのため、トンプソンの話はすぐにでもＣＰＭ本部にまで伝わったはずである。

身元照会をして、元スパイと判明したとき、ＣＰＭはどう対処したのか。少なくとも監視下に置いたことは間違いなく、トンプソンの真意を確認することもなしに、こっそり始末してしまったことも考えられた。

連絡方法と言えば精度の低い無線しかない当時、本部の命令を待つまでもなく、末端組織が独断で犯行に及んだ可能性もあるというのが、右のプロデューサーの推測だった。

もうひとりの証言者はトンプソンの同僚で、当時中国で任務についていた人物の息子。第二次世界大戦から五〇年間誰にも語らずにいたことを、老い先短いことを悟った父がぽつりぽつりと語り始めたというのである。

それによれば、ジム・トンプソンは対日レジスタンスの指導者という経歴を持つタイのプリーディー・パノムヨン首相とは特に親しく、キャメロン・ハイランドに赴いたのもプリーディーの伝手で、ＣＰＭと接触を試みるためだったのではないかとのこと。さらにトンプソンの行方については、ＣＰＭに殺害されたと断言したというのである。

どちらの証言とも物証に欠けるものの、辻褄は合っている。今後、当時ＣＰＭに籍を置いていた人物から直接証言を得られれば、右の仮説は大幅に補強される。ただし、年齢から考えて、残された時間はそう多くはなく、一分一秒でも早く、当事者を見つけ出すことが肝要である。

ちなみに、現在合法政党として活動しているマレーシア共産党（ＭＣＰ）はＣＰＭから離脱したマルクス・レーニン主義派と革命派が一九八三年に合併してできた組織で、ＣＰＭの方は一九八九年に武装闘争を放棄。合法政党として振る舞うが、事実上活動を停止している。

ロシア皇帝ニコライ2世の謎

王朝最後の皇帝一家の末路が、大津でわかった

日本で「大津事件」に遭遇した若き日のニコライ2世。即位後にはさらなる試練が待ち受け、第一次世界大戦最中の一九一七年には退位と王朝の終焉を余儀なくされる。反革命軍の攻勢や日米を初めとする列強の干渉に曝されるなか、皇帝一家は処刑されたと伝えられるが、本当に全員が処刑されたのか。

続々と現われる僭称者たち

一九一七年に幕を閉じたロシアのロマノフ王朝。最後の皇帝ニコライ2世とその一家の末路について、世界は断片的な情報しか得られていなかった。処刑されたのは皇帝夫妻と皇太子のアレクセイだけだとか、皇女のなかでひとりだけ生き延びた

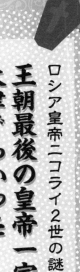

者がいるなどさまざまな情報が飛び交ったが、もしひとりでも生存者がいれば、ロマノフ王朝の海外資産を相続する権利を有することから、生き残りではないかと疑われる人物が現われるたび、世界中のメディアが色めき立ち、その真偽を確かめようと取材合戦を繰り広げた。

このテーマに関しては一九二八年のものを最初にして、これまでに数十本の映画・テレビドラマが制作されているが、もっとも有名なのは一九五六年制作のアメリカ映画、イングリッド・バーグマンが主演を務めた『追想』である。このなかでバーグマンは記憶喪失の女性を演じ、ユル・ブリンナー演じるロシアの元将軍ボーニンが彼女を皇女アナスタシアに仕立て上げ、ロマノフ王朝の資産をせしめようと試みる。このような話の展開はまったくの創作ではなく、実際にあった偽者事件を元としていた。

ときは一九二〇年代中頃のこと。自殺未遂をした身元不詳の女性がベルリンの精神病院に収容された。彼女は誰に対しても名前を明かすことを拒んでいたが、患者のひとりが彼女を皇女だと思い込み、この話が複数の亡命ロシア人に信用されると、収容されてから二年後、彼女は自分をニコライ2世の末娘アナスタシアだと言い出した。

それから二〇年以上にわたり、彼女は欧米の社交界を徘徊していたが、元ヘッセン大公のエルンスト・ルートヴィヒが行なわせた調査の結果、ポーランド人農家の娘フランツィスカ・シャンツコフスカであると判明する。精神疾患の病歴があることから、財産目的で嘘をついたわけではなく、周囲から言われるうち、信じ込んでしまったようだ。

同じくアナスタシアと称した女性は他にもいて、ウクライナからアメリカに亡命したユージニア・スミス、本名エウゲニア・ドラベク・スメティスコがそれで、一九六三年、文筆業をしていた彼女はシカゴの出版社にアナスタシアから託された原稿なるものを持ち込んだ。

にわかには信じがたく、出版社がウソ発見器のテストを受けさせると、彼女はテストに通らなかった。すると彼女は前言を翻し、自分こそアナスタシア当人だと言い出した。

改めてウソ発見器にかけたところ、何と今度は合格。出版社は彼女の持ち込み原稿を『ロシア大公女アナスタシア・ニコラエヴナの自叙伝』という題名で出版したが、小説としては高く評価されながらも、彼女を本物の皇女と信じる人はほとんどいなかった。

末娘にして四女のアナスタシアだけではなく、長女オリガを僭称する者もいた。マルガ・ポーツという女性がそれで、彼女は第二次世界大戦前夜のフランスに現われると、「皇帝一家の処刑を奇跡的に逃れた大公女のために」と称して、一般から寄付を募ったことから、詐欺罪で逮捕された。裁判所では一転、自分はポーランドの貴族だと主張を変えるが、出所して数年後には再びオリガと称し、オルデンブルク大公国最後の大公世子ニコラウス・フォン・オルデンブルクやドイツ帝国のウィルヘルム王子を欺くことに成功。二人からの金銭的援助で、死ぬまで何不自由することなく暮らした。

彼女ら以外にも、皇太子のアレクセイや三女のマリアを名乗る者もいたが、どちらも明らかな偽者であることがわかっている。財産目的か単に注目を浴びたかっただけかは不明ながら、僭称者の多さが王家の栄光の度を量るひとつの尺度であることも確かだった。

●日本にあった血染めのハンカチ

ニコライ2世一家は一九一八年の七月一七日、幽閉先であるエカテリンブルのイパチェフ館地下室で銃殺された。断片的に漏れてくる情報から、少なくとも皇帝夫妻と皇太子のアレクセイが処刑されたことは間違いないと信じられた。だが、皇女たちの運命については見解が割れた。

しかし、一九八五年のゴルバチョフ政権成立以降、情報公開が進むにつれ、長年の論争に終止符が打たれることとなった。

処刑の指揮を執ったチェーカー（秘密警察）の次席ヤコフ・ユロフスキーの手記から、皇帝一家七人と専属医、女中、料理人、従僕の計一一人が同時刻、同じ場所で銃殺されたことが判明したのである。遺体はいったん埋葬されたのち掘り返され、焼却あるいは硫酸で溶かされたのち、改めて森の中に埋められたとのことだった。

ソ連の崩壊後、埋葬場所を掘り起こしたところ、証言どおり、遺骨の断片が発見された。そこから先は科学の力、DNA鑑定の出番である。皇帝一家はイギリス王室と血縁関係にあったことから、その方面からのアプローチはもちろん、日本からも、ニコライ2世の血のついたハンカチが貸し出された。

ニコライ2世はまだ皇太子であった一八九一年に日本を訪れたことがあった。その際、滋賀県大津市で情緒不安定な警官にサーベルで斬り付けられ、重傷を負った。サーベルに付着した血を拭ったハンカチが滋賀県立琵琶湖文化館に保管されていたことから、最重要な証拠として貸し出されたのだった。

鑑定の結果、皇帝一家七人全員の死亡が確認された。ソ連時代とは異なり、新生ロシア政府はロシア正教会と持ちつ持たれつの関係を築こうとしていたこともあって、二〇〇〇年八月、ニコライ2世は聖人の列に加えられ、最期の地には一家の霊を慰める教会も建てられることとなった。

殷墟の謎

首なし被葬者が示すミステリー

前十七世紀末頃から前一一世紀後半にわたり黄河中流域を治めた殷王朝の遺跡から、文字を刻んだ多数の精巧な青銅器のほかに大量の墓が発見された。大きな墓からは各数十人の殉葬者が見つかっているが、そのなかには五体満足な者と首が切断されている者があった。両者の違いはいったい何を意味しているのか。

大きな墓には必ず数十人の殉葬者が

一九世紀末に場所が特定されて以来、殷墟《いんきょ》は殷王朝最後の都跡と言われてきた。『史記』の「殷本紀」によれば、殷は成湯天乙《せいとうてんいつ》による建国以来、六度も都を遷しているが、初代成湯から第九代雍己《ようき》までの間、および第一九代の盤庚《ばんこう》から第三〇代の辛《しん》（紂《ちゅう》）に至るまで都の置かれていたのが黄河の南にある亳《はく》と呼ばれていたところで、地理的にそれと符合する河南省安陽市小屯《かなんしょうあんようししょうとん》一帯から大量の甲骨文、宮殿址、墓葬群などが発見されたことから、同地こそ殷墟（殷の都の廃墟）ではないかと考えられたのだった。

近年、殷墟を殷の最後の都跡とする説は弱まり、葬祭区か墓地兼祭祀遺跡とする説が有力になりつつあるが、どちらにせよ殷墟遺跡およびそこから出土した品々が、殷代の社会と文化を知るうえで極めて重要性をもつことに変わりはない。

殷墟の発掘は一九二八年に始まり、戦争による中断期をはさみながら、現在に至るまで連綿として続けられている。発掘の成果は実に膨大で、墓葬の数だけでも優に五千を超えている。だからこそ葬祭区との説が浮上したのだった。

殷墟の墓葬は規模によって大中小に分類され、小墓は長さ二メートル前後、幅五〇～六〇センチ、深さ一メートル以内、被葬者は一人で、その腰のあたりには小坑（腰坑《ようこう》）が掘られ、犬一匹が葬られているのが普通だった。この犬には魔除けの意味が込められていたと推測される。

ついで中墓は長さ三メートル前後、幅一～二メートル、深さは二～五メートル以上とだいぶ規模が大きくなり、被葬者も剥き出しではなく、木製の棺と槨（棺を入れる外棺）の中に葬られ、上を土で堅く敷き詰めたところへ数人から十人余の殉葬者が並べられているのが普通だった。

中墓でそれなら、大墓はもっと凄いはず。果たしてそこからは各数十人単位の大量の殉葬者、それも首と胴体が別々になった遺体が発見されたのだった。

第一〇〇号大墓を例に挙げれば、この墓穴は亜字形をしていて、槨室上の空間部分だけで南北一八・九メートル、東西一三・七メートルもの広さがあり、東西の両辺には幅三・八メートル、長さ約七メートルの耳室が設けられていた。下の槨室に通じる墓道は東西南北の四方から伸びており、槨室中央と八つの隅の計九つの腰坑からはそれぞれ一匹の犬を連れ、武装をした殉葬者一人、耳室からは木棺に納められるか無棺の殉葬者一一人の遺体が見つかっているが、これらはどれも首と胴体がつながっており、問題のものとは異なる。首なし遺体が葬られていたのは槨室に通じる南墓道だった。

南墓道から出土した首なし遺体は八組に分けて埋められたと考えられ、全部で五九体。上層のほうは成年で、下層のほうはまだ二十歳以下の少年ばかり。少年たちはみな両手を背中で縛られた状態だった。これら殉葬者はすべてその場で首を刎ねられたとみられ、これまでに各墓道および墓穴のあちこちから計七三個の人頭骨が発見されている。

首切断は何を意味するのか

殷墟にはなぜこれほど殉葬者が多いのか。しかも、なぜ五体満足の者と首を切断された者の二種類が見られるのか。これは研究者ならずとも興味を引かれる問題である。当時の社会や死生観を何かしら反映しているのだろうが、果たして殷墟の発掘成果から何がわかったのだろうか。

いまだ多くの部分を推測に頼るしかないのが現状だが、中国古代史が専門の故伊藤道治によれば、首なし遺体からは次のことが考えられる。

まず首切断の有無は、社会的地位の違いを表わしている。五体満足で葬られているのは被葬者の近くによく仕え、死後も仕えることを義務付けられた者で、霊の世界に生きることを認められた者たちではないか。

対する切断遺体の方は、これには胴体より頭部の方に意味がある。頭部には被葬者の霊力を高めるための供物としての意味、つまりウシやヒツジといった犠牲獣と同じ役割を担わされていた。彼らは生前の被葬者と縁があったわけではなく、社会的地位は低いが、かといって農耕や家事労働に従事させられていた奴隷とも異なり、もっぱら犠牲の役割を負わされていた人びとではなかったのか。それが伊藤の示した推論である。

そう言われてみれば、甲骨文の中には、殷の支配層から異民族と目された「羌」、「南」などと呼ばれる人びとが神への犠牲として首を斬られたとの文面が多く見受けられる。殷の時代に犠牲用の民が存在したことは紛れもない事実だろう。

殷墟で大量に見つかった切断遺体はやはりそうした民だったのか。犠牲用に捕らえられ、縁もゆかりもない被葬者のために首を斬られたのか。断定はできないまでも、その可能性は極めて高いと言わざるをえない。

ラムセス2世の謎

現代科学が明かす、エジプト名王の健康状態

古代エジプトで最大の王と呼ばれるのは新王国時代のラムセス2世。アブ・シンベル神殿など多くの建築物をつくり、「建築王」の異名をとるファラオでもある。彼のミイラは現存しており、そこから彼の健康状態を探ることができる。古代エジプトに燦然と輝いた権力者は果たしてどんな病気を抱えていたのか。

偉大な王ラムセス2世

古代エジプトの王はファラオと呼ばれた。歴代ファラオのなかでもっとも偉大とされるのは、前一三世紀に六〇年以上も君臨したラムセス2世その人である。

長く権力を行使したラムセスだが、その事績は前半と後半で大きく性格を異にす

る。前半が外征に明け暮れたのに対し、後半は建築事業に熱を傾けた。

外征の対象は四方に及んだが、もっとも大兵力が投入されたのはシリア・パレスチナの争奪戦だった。相手は小アジアを根拠地とするヒッタイト帝国。最大の戦争は治世五年目に体験したカデシュの戦いで、その模様は彼が建設したアブ・シンベル大神殿内部の北の壁に詳細に描かれている。

この壁画を見る限り、戦いはエジプト軍の勝利に終わったかに思えるが、実際は痛み分けであったらしく、両国はその後もしのぎを削るような戦いを続けた。やがてヒッタイトがアッシリア、エジプトがリビアの遊牧民や「海の民」と記録される謎の集団の脅威に曝されるとにわかに和平の機運が高まり、前一二六五年頃、両大国は領土の不可侵と相互軍事援助、政治的亡命者の引き渡しと免責を柱とする講和条約を締結。治世三四年には平和の絆として、ヒッタイト王ハットゥシリ3世の長女がラムセスの妃のひとりとして迎えられてもいる。

一方、治世後半の建築事業としては、アブ・シンベル神殿をはじめ、自身の葬祭殿、ルクソール神殿の塔門、カルナック神殿の大列柱室など、現在もエジプト観光の目玉となっている数多くの建築物を造るなり、増改築するなどした。このため彼には「建築王」の異名が与えられている。

ラムセスは何事においても規格外で、正妃の称号を持つ妃だけで七人、側室の数は数十人にのぼり、王子王女の数は百数十人とも二〇〇人近くとも言われている。「王のなかの王」呼ばれたのは伊達ではなかったのだ。

やめられない贅沢な食生活

ラムセス2世の墓はルクソールのナイル川西岸にある「王家の谷」の中に確認されている。洪水の被害に遭ったことから、浮彫などの装飾はほとんど剥げ落ちているが、ラムセスのミイラは無事で、現在はカイロのエジプト考古学博物館で保管・展示されている。

ラムセスのミイラは全長一七三・三センチ。生前の身長は一〇センチ以上高かったと推測される。これまでに見つかっている古代エジプト王族のミイラは二五九体にのぼるが、その平均身長は一六五センチ。ラムセスの身長が他に抜きん出ていたことは明らかで、成長ホルモンの過剰分泌に起因する巨人症を患っていたことが疑われる。

巨人症に適切な治療が施されなければ、骨および軟部組織（臓器と骨以外の身体の組織）に様々な異常が生じる。事実、ラムセスのミイラからは関節炎を患い、足が不自由だった可能性が指摘されている。戦場で受けた傷が元ではなく、巨人症が原因で片足を引きずるか、歩行に際して激しい上下動が伴っていたということだ。

同じく彼のミイラからは、重度の虫歯が顎全体に悪影響を及ぼしていた可能性や重度の糖尿病であった可能性も浮上している。

どちらも普段の食生活に関連するものだが、ラムセスはどのような食事を摂っていたのか。これについては他の墓室に描かれた壁画の内容から推測するしかない。

前一五世紀にテーベ（現在のルクソール）の市長を務めたセンネフェウという人の墓室の場合、壁画にはパン、ビール、レタス、卵、ブドウやイチジク、ザクロなどの果物類、鶏肉、牛のモモ肉や頭などが確認できる。他の墓室からはワイン、川魚、モロヘイヤ、キュウリ、ネギ、ミルク、加工菓子なども確認できることから、ラムセスもそれらを日常的に口にしていたと推測される。

当時の一般庶民の食事はパンとビール、豆類を基本とし、野菜や果物も手の届く食べ物だったが、魚や肉類は毎日というわけにはいかなかっただろう。

それに対してラムセスのようなファラオになると、魚や肉類を毎食口にすることが可能なうえ、蜂蜜かデーツで甘みを出したであろう菓子類も好きなだけ食べていたに違いない。それに加え、ビールやワインも鯨飲していたとすれば、糖尿病を患い、虫歯ができるのも納得がいく。

贅沢をするのが権力者の特権であったとするなら、ファラオたる者がダイエットをするなどもってのほかで、欲望のまま暴飲暴食を続けるのが定めであったのではあるまいか。

とはいえ、健康を害すればさすがに食も細る。そんなときに重宝されたのがモロヘイヤで、これを刻んでスープにして飲めば、栄養的にも十分なうえ疲れた胃腸を一休みさせることもできる。ラムセスが満身創痍の状態ながら、九〇歳以上の長命を保てたのも、モロヘイヤの賜物であったのかもしれない。

リチャード3世の謎

二〇一二年発見の遺骨が明かす、イギリス王室を揺るがす事実

リチャード3世はシェークスピアの史劇では、醜い姿をした狡猾で冷酷な人物として描かれ、次々と近親者を手にかけて王位を簒奪した「残忍な暴君」というイメージが定着している。二〇一二年、長年行方不明だった遺骨がイングランド中部の都市レスターで発見されてから、最期の様子や血筋への疑惑など、驚くべき事実がいくつも明らかになった。

残忍冷酷な王の無残な最期

フランスとの百年戦争が終わったかと思ったら、今度はバラ戦争という内戦に陥ったイングランド。その最中に王位はランカスター家からヨーク家へと移り、一四八三年四月九日にヨーク朝初代のエドワード4世が急死すると、まだ一二歳のエド

ワード5世が即位するが、かねて王位を狙っていたグロスター公リチャード（エドワード4世の弟）はこの機会を待っていたとばかりに、エドワード5世とその弟で当時一一歳のヨーク公リチャードをロンドン塔に幽閉。六月二六日には廃位を宣言し、みずからがリチャード3世として即位した。八月上旬を最後に兄弟二人の姿を目にした者は誰もおらず、リチャード3世の命令により、ひそかに始末されたものと言われている。

シェークスピアの史劇『リチャード3世』でも同王は残忍冷酷な人物として描かれている。ヨーク朝の三代目にして最後の王でもあったから、次のテューダー朝のもとで悪く言われるのも当然なのだが、それにしても在位わずか二年と二か月半にして無残な敗死を遂げている事実からも、人望を得ていなかったことがうかがえる。

そのリチャード3世に公然と勝負を挑んだのは、ランカスター家とウェールズ王家両方の血を引くヘンリー・テューダー（のちのヘンリー7世）で、リチャード3世はウェールズからイングランドへと進軍してきたヘンリーをボズワースの野で迎え撃つ。

両軍の兵力はほぼ互角だったが、リチャード軍の士気は低く、戦闘に参加せず、洞《ほら》ヶ《が》峠《とうげ》を決め込む部隊が少なくなかった。そこでリチャード3世はみずから騎兵部隊を率いてヘンリー側の本陣に斬り込み、激しい乱戦へと持ち込むが、この一番大事な場面で思わぬ裏切りに遭遇する。ヘンリーの母の夫、すなわち義父にあたるトマス・スタンリーとその弟ウィリアムがヘンリー側に寝返り、リチャードの軍に襲いかかったのである。

これにより勝敗は決した。リチャードは馬から落とされ、代わりの馬に乗ろうとするところをスタンリー軍の騎兵により頭を割られ絶命した。遺体は身ぐるみ剥がされた上に馬にくくりつけられてレスターの町へ運ばれ、二日間晒されたのち、土地の教会に埋葬された。その後、ヘンリー8世時代の宗教改革で同教会が打ち毀された際に墓地も消滅。リチャードの墓がどうなったかわからなくなってしまった。のちに埋葬地を示す標示が建てられるが、何ら根拠のあるものではなかった。

リチャード3世は不義の子だった!?

歴史が動いたのは偶然のなせる業だった。二〇一三年二月、レスターの市営駐車場を工事中、地下から一式の人骨が発見されたのである。もしやというのでリチャード3世の姉の直系子孫二人に協力を求めて調べたところ、ＤＮＡがみごとに一致。人骨はリチャード3世のものと断定された。頭骨に剣や矛のような武器による大きな切り傷がある点も記録と一致し、背骨が湾曲しているところはシェークスピアの描写と一致していた。

二年後の三月二六日、リチャード3世の遺骨は発見場所から近いレスター大聖堂

◆リチャード3世の家系図

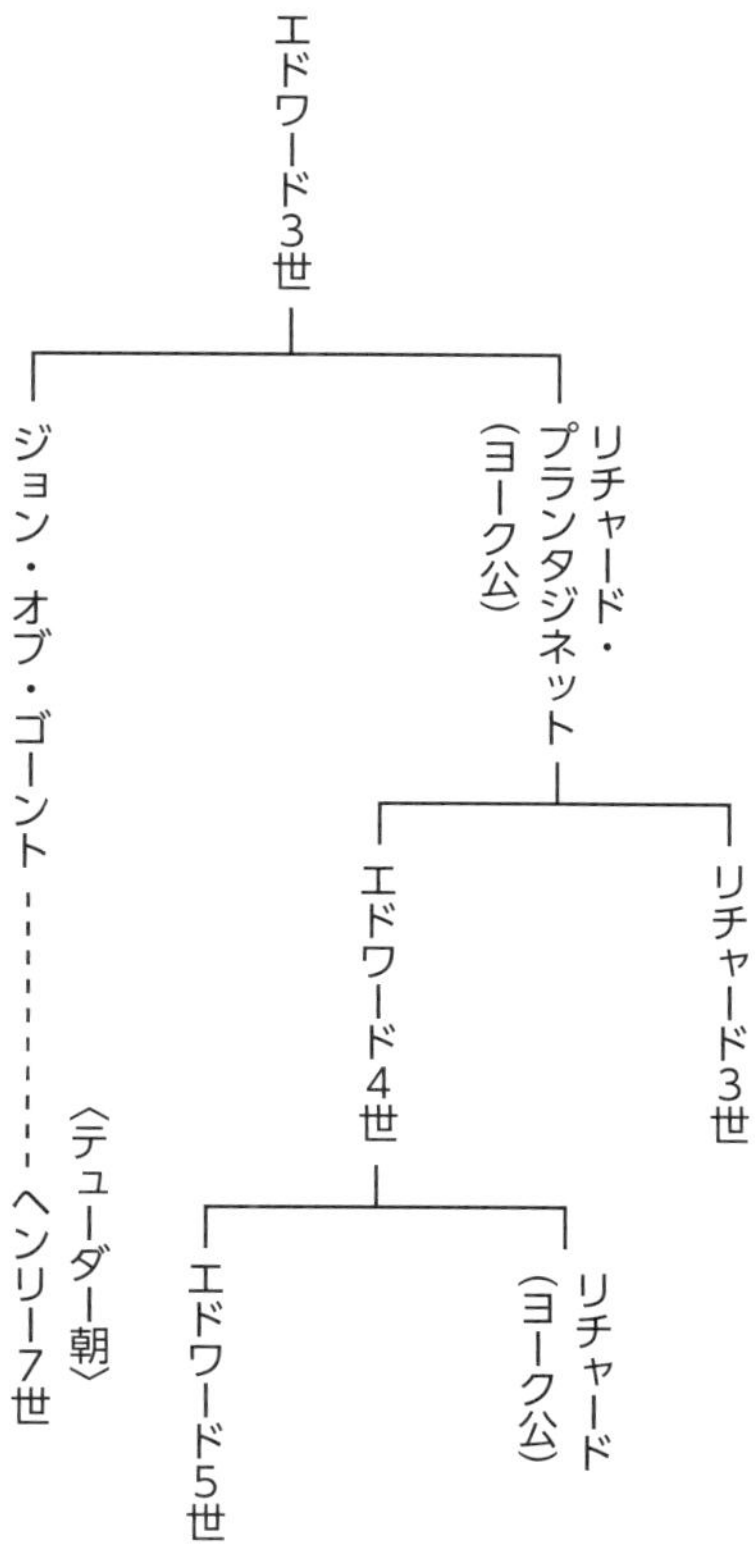

に再埋葬されたが、それまで二年一か月余にわたり、遺骨に対する入念な調査が行なわれていた。

さすがに五〇〇年以上が経過していては軟部組織などまったく残っておらず、調査対象は骨に限られた。

まず明らかになったのはその凄惨な最期で、リチャード3世はぬかるんだ地面にうつ伏せにされ、鋭利な武器で兜を着用していない頭部を貫通されたことが致命傷となった。絶命直前のものと見られる損傷が九か所見られ、致命傷となった傷は二つ、さらに衣服を引きはがされた後につけられたと思われる胴体への傷が二か所あった。頭部を二本の武器で貫かれては、最期の雄叫びを発する余裕もなかったに違いない。

以上は骨の損傷からわかったことだが、DNAをさらに調べたところ、九六パーセントの確率で彼が青い目の持ち主で、七七パーセントの確率で金髪であったことに加え、血統に関する驚くべき事実が明らかになった。

なんとリチャード3世のDNAが、彼の曾祖父の兄ジョン・オブ・ゴーントから続く同家系の男系の子孫とは一致しなかったのである。

リチャード3世の父はヨーク公リチャード、祖父はケンブリッジ伯リチャード、曾祖父はヨーク公エドマンドだが、ＤＮＡ鑑定の結果は、右の三代の誰かが不義の子であったこと、公式の家系図に書かれた父親とは違う父親を持っていたことを意味している。

すなわち、妻が夫以外の男性と不倫を働いた。そして生まれたのがリチャード3世の父か祖父か曾祖父の誰かということになる。

このことは現イギリス王室の正統性を揺るがすほどではないにしても、一〇六六年の「ノルマン征服」以降、万世一系と信じられてきた歴史観に変更を促すものであることは間違いなかろう。

清の皇帝急死の謎

中毒死か、暗殺か、急死の影で語られるストーリー

清の第5代皇帝雍正帝は急死を遂げた。前兆がまったくなかったことからさまざまな憶測を呼び、怪しげな薬に手を出して中毒死したのではないかとの説もあれば、刺客の手にかかったとの説も流れた。刺客として複数の民間史料には呂四娘という女性の名が挙げられている。彼女はいったい何者で、なぜ暗殺という行動に及んだのだろうか。

仕事熱心な独裁皇帝

清王朝の全盛期は康熙帝《こうきてい》・雍正帝《ようせいてい》・乾隆帝《けんりゅうてい》の三代の世とされる。なかでも真ん中の雍正帝は仕事熱心なことで名高く、地方官から送られてくる上奏分についても通常のルートに加え、皇帝のもとへ直接届けられるルートを開き、後者の上層文に

関しては、懇切丁寧な書き込みをして、これまた直接送り返してやるのを習わしとした。これには地方の実情について直接報告を受けながら、皇帝独裁体制の強化にもつながるという二重のメリットがあったが、大変な激務なため、彼以降の皇帝に継承されることはなかった。

この一点からしても、雍正帝が類い稀なる名君であったことは疑う余地がなく、曾静《そうせい》という反清活動家が逮捕されたときには厳罰に処すことなく、粘り強く教え諭すという方法をとった。その過程をまとめたものが『大義覚迷録《たいぎかくめいろく》』という書物で、この書名には、大いなる義の徳をもって、清王朝の正統性に疑義を抱く輩の迷いを覚まさせる御前裁判の記録との意味が込められていた。

明王朝の滅亡からかなり時が経過しても、なお清王朝を外夷による征服王朝と敵視する知識人が少なくなかった。組織だって抵抗するのではなく、思想として受け継がれているものだから、力で根絶するには無理があった。そこで雍正帝は長期的にみればこれが一番効果的として、頑なな活動家を、道理をもって教え諭し転向させる、自己批判させるという一見迂遠な方法を選んだのだった。

雍正帝の論理はいたって明確だった。現代風に言い換えれば、中国は漢民族の独占物ではなく、最初から多民族国家だった。漢民族に徳のある人材がいなくなったから、かつてモンゴルの元王朝がしたのと同じように。人材豊富な満州族が取って代わった。清王朝は天命に従った正統な王朝というのが、その大筋だった。

中毒死か、暗殺か

雍正帝は即位から一三年目の一七三五年八月二三日、離宮の円明園で急死した。それまでいたって健康だったのが、亡くなる三日前に突然発病。懸命の治療の甲斐もなく、原因不明のまま亡くなったのである。

おそらく脳梗塞か脳卒中と思われるが、当時から中毒死や暗殺を疑う風聞も流れていた。中毒死とは丹薬によるもの。丹薬には練り薬という意味のほか、道教においては不老不死の薬をさす言葉として用いられた。

丹薬の製造には水銀が不可欠で、それが身体によいはずはなく、唐王朝では歴代二〇人の皇帝のうち六人が中毒死を遂げており、明王朝でもそれに近い数字が出ている。清王朝では道教より仏教が尊ばれたことから、公式の記録のうえでは丹薬にのめりこんだ皇帝はいない。しかし、ひそかにやっていた可能性までは捨てきれず、頭から否定することのできないのが実情である。

一方の暗殺説だが、この場合の実行犯と目されるのが呂四娘《りょしじょう》という女性である。呂四娘は康熙帝時代の大学者であった呂留良《りょりゅうりょう》の孫娘。朱子学を究めた呂留良は清王朝に仕えることを拒み、山林に隠遁して、多くの著作を残した。その中には反清思想の濃厚なものが多く、右の曾静も呂留良の著作に感化された一人だった。

故人でありながらカリスマ性に溢れる呂留良。雍正帝は曾静に対したときとは正反対に、父康熙帝に対する罪は断じて赦しがたいとして、呂留良の墓を暴き、首を切断して晒し者にしただけでは満足せず、息子を斬罪に処し、その他の一族は満州へ流刑の上に奴隷身分に落とすという徹底的な弾圧を行なった。

このとき唯一難を逃れたのが呂四娘で、その彼女が後日みごと復讐を遂げたという話が、『満清外史《まんしんがいし》』や『清宮遺聞《しんきゅういぶん》』『清代述異《しんだいじゅつい》』などの野史（民間で編纂された歴史書）に散見される。呂四娘は実在さえ疑われる人物だが、雍正帝の呂一族弾圧が過酷すぎたがために、彼らへの同情と雍正帝の急死が結び付けられ、呂四娘というキャラクターと彼女による仇討ち話が作り出されたのかもしれない。

唯一生き残った女性が剣の腕を磨いて仇討ちをする。この手の話は蒲松齢《ほしょうれい》の『聊斎志異』という志怪小説（怪異のことを述べた小説集）の中にも見て取れる。「侠《きょう》女《じょ》」という話がそれで、仇の素性も娘の姓も記されていないが、彼女が浙江省《せっこうしょう》出身ということは明記されている。果たせるかな、呂留良は浙江省石門県の人。単なる偶然なのか、それとも「侠女」を下敷きにして呂四娘というキャラクターが生み出されたのか。

ちなみに、『聊斎志異』が完成したのは一六七九年のこと。まだ康熙帝の時代である。全五〇三話からなり、どれが民間伝承で、どれが蒲松齢の創作なのか区別のつかないのが難点である。

ちなみに康熙帝は思想統制をするなかで文字の獄と呼ばれる検閲にも熱を傾けたが、雍正帝もそれに倣い、科挙の出題に「維民所止」とあったのを、「雍正」の文字の頭を刎ねたものとして、出題者を不敬罪に処し、獄死に至らしめたことがあった。本邦の大坂の陣の口実とされた「国家安康、君臣豊楽」を思い起こさせる話だが、こうした権力者の手法が判官贔屓を引き起こすのはいつの世も変わらないのかもしれない。

明の皇帝の謎

永楽帝の不名誉な悪名が語り継がれる理由

明の二代皇帝建文帝は叔父（後の永楽帝）との内戦に敗れ、焚死したとされるが、遺体は確認されていない。このため秘密の地下道を通って落ち延びたとの説が生まれ、様々な噂が飛び交った。そのなかには海外逃亡説もあり、のちには鄭和による南海遠征もこれと関係づける説まで生まれた。

消すことのできない帝位簒奪者の汚名

中国明王朝の歴代皇帝のなかで知名度の点で抜きん出ているのは初代の洪武帝《こうぶてい》（朱元璋《しゅげんしょう》＝太祖《たいそ》）と第三代の永楽帝《えいらくてい》（朱棣《しゅてい》＝成祖《せいそ》）の二人である。

洪武帝はともかく、永楽帝の大きな業績としては、実に五回もモンゴルへの親征に出向いたこと、側近の鄭和《ていわ》に大艦隊を託し、インド洋に接する国々に朝貢を促したこと、南京から北京へ遷都したこと、『永楽大典《えいらくたいてん》』という百科全書に代表される大規模な文化事業を起こしたことなどが挙げられる。

これらのうち、『永楽大典』は古今を通じてもっとも拙劣な百科全書と酷評されているが、実のところ永楽帝にはそれをはるか上まわる汚点がつきまとっていた。それは甥から力づくに帝位を奪った簒奪者という汚名である。

明の建国者である洪武帝は非常に猜疑心の強い人物で、天下統一を成し遂げたのち、功臣や地主層を対象とする大粛清を二度にわたって行ない、挙兵以来、苦楽をともにしてきた仲間をほとんど根絶やしにしてしまった。

逆に重用したのは自分の子どもたちで、成人に達した者から順次、北辺や内地の要所に藩王として封じ、最終的には二五人の藩王が生まれた。信頼できるのは肉親だけとの考えから、子供たちならわが身に代えても後継者を守ってくれると確信しての措置だった。

それというのも、嫡男で皇太子でもあった朱標《しゅひょう》が一三九二年に三八歳の若さで病死したため、朱標の嫡男すなわち洪武帝の嫡孫にあたる朱允炆《しゅいんぶん》が皇太孫に立てられた。いまだ若輩の皇太孫で侮られ、再び天下が動乱する恐れがある。諸皇子を各地に封じたのはそれを回避するためにとられた手段だった。

それで少し心が安らいだか、一三九八年閏五月一〇日、洪武帝は七一歳にして生涯を終え、朱允炆が即位した。これが第二代の建文帝である。

建文帝の側近には諸藩王を警戒する者が多く、建文帝は彼らの進言に従い、勢力の弱い藩王から順にひとりずつ粛清する政策を開始した。一番の脅威はモンゴルへの備えとして北平（現在の北京市）に封じられた洪武帝の四男、燕王朱棣であったが、都から遠いこともあり、燕王の粛清は最後にまわされた。

結果論になるが、建文帝の側からして、燕王を最後にしたのは致命的な選択だった。巷では建文帝と燕王の対決を不可避と判断してか、洪武帝が亡くなった直後からこんな歌謡が流行していた。

燕を逐うなかれ、燕を逐うなかれ
燕を逐えば日に高く飛び、高く飛びて帝畿にのぼらん

世情の不安が的中して、燕王は座して粛清されるのを受け入れられず、一三九九年七月、「君側の奸を除き、明室の難を靖んずる」との大義名分のもと、兵を立ち

上げた。史上これを称して「靖難《せいなん》の役《えき》」という。

激しい攻防を征したのは燕王の側で、一四〇二年六月三日には南京が陥落。建文帝は皇妃らとともに火中に身を投じ、焼身自殺して果てた。これを受けて、燕王は晴れて永楽帝として即位したのだった。

●鄭和艦隊の目的は建文帝の捜索にあった?

帝位についたとはいえ、永楽帝の心は二つの理由で晴れなかった。ひとつには帝位簒奪者の汚名が終始つきまとうこと。また、もうひとつには建文帝の遺体がはっきりと確認できなかったことだ。

焼死体はどれも損傷が激しく、衣服も装飾品も焼け落ちていたことから、老若男女の区別さえつかない。もしや緊急用の地下道を通り、城外に脱出したのではないか。永楽帝だけでなく、巷でもその可能性に言及する者が多くいた。

案の定、建文帝は剃髪して僧侶となり、雲南、貴州、四川のあいだで行脚生活を送っているとか、海上に逃れて南洋に亡命したといった噂が飛び交い、われこそは建文帝と名乗り出る者さえ現われた。

悲劇の主人公となった建文帝への同情はその後も長く尾を引き、後の世には建文帝の捜索と鄭和の南海遠征を結びつける説まで現われた。

鄭和の南海遠征は「下西洋（西洋下り）」とも呼ばれる。一四〇五年を最初として、二九年間に七回にわたる海洋遠征を行ない。東は東南アジアの島嶼部から、西はアフリカ東海岸にまで赴き、明への朝貢を促したのである。艦隊の規模は第一回が大船六二隻、兵員二万七八〇〇余人、第七回が兵員二万七五五〇人と、のちのコロンブスやヴァスコ・ダ・ガマの航海とは比較にならない非常に大規模なものだった。

ここに出た「朝貢を促す」には国威発揚に直結する意味が込められている。中国の皇帝になれるのは徳の高い者に限られ、その徳に引かれて、どれだけ多くの異国や異民族が朝貢してくるかが、皇帝の徳の高さを量る重要な目安とされていた。簒奪者の汚名を引きずる永楽帝は、徳の高さを喧伝することによって、少しでも悪名を相殺させたく願っていた。だからこそ、採算を度外視した遠征を繰り返したというのが通説なのだが、それはあくまで表向きであって、真の目的は建文帝の捜索にあったとする説が長く語り継がれることとなってしまった。「悪名を末代まで残す」とはまさにこのようなことを言うのだろう。

◆失われた世界史 年表

※太字は本書でとりあげた出来事です。( )内はページ数。

年	主なできごと
前2580頃	**クフ王のピラミッドが建造される**（215）
前2300頃	**南アジアでインダス文明が栄える**（232）
前2200頃	**イングランドでストーンヘンジの建造始まる**（201）
前1800頃	インダス文明が衰退を始める
前1600頃	黄河中流域に殷王朝が成立
前1364頃	**エジプトでアメンヘテプ4世（アクエンアテン）が即位**（221）
前1290頃	**エジプトでラムセス2世が即位**（317）
前1265頃	エジプトとヒッタイトが和平条約を締結
前1200頃	メキシコ湾岸の熱帯雨林でオルメカ文化が栄える（〜前800頃）
	小アジアのヒッタイトが滅亡
前1050頃	**殷王朝が滅亡**（312）
前722	イスラエル王国がアッシリアにより滅亡
前671	アッシリアがエジプトを征服
前612	アッシリアがメディアと新バビロニアの連合軍により滅亡
前587	ユダ王国が新バビロニアにより滅亡

年	主なできごと
前499	ペルシア戦争の始まり（〜前449）
前479	孔子が死去
前431	ギリシアでペロポネソス戦争が勃発（〜前404）
前323	アレクサンドロス大王が死去
前264	**第一次ポエニ戦争が始まる（〜前241）**（157）
前221	中国で戦国時代が終結。秦の始皇帝が即位
前218	第二次ポエニ戦争が始まる（〜前201）
前210	秦の始皇帝が死去
前150頃	中米のユカタン半島でピラミッドの建設が始まる
前139頃	前漢の武帝が西域に張騫を派遣
前91頃	**司馬遷の『史記』が完成**（95）
前87	前漢の武帝が死去
前60	ローマで第一回三頭政治が始まる
前55	ローマのカエサルがブリタニア遠征
前44	カエサル暗殺

年	主なできごと
前30	**エジプトのプトレマイオス朝が滅亡** (208)
前27	ローマで事実上の帝政始まる
前25頃	ローマでパンテオンが完成
前4頃	**大工のヨセフと妻マリアを父母としてイエスが誕生** (89)
30頃	**ナザレのイエスが処刑される** (46)
48	匈奴が南北に分裂
66	第一次ユダヤ戦争（～70）
79	**イタリアのヴェスヴィオ山が噴火** (237)
80	ローマで大闘技場コロッセオが完成
91	北匈奴が瓦解して西走
96	ローマ帝国で五賢帝時代始まる（～180）
97	**後漢の甘英がローマ帝国への使節として出立** (162)
100頃	**テオティワカンの「太陽のピラミッド」が築かれる** (193)
132	第二次ユダヤ戦争（～135）。ユダヤ人の離散が本格化
184	後漢で黄巾の乱が起こる
212	**カラカラ勅令の発布。ローマ帝国の全自**

年	主なできごと
	由民に市民権を付与 (182)
200	曹操が官渡の戦いで袁紹を破る
220	**曹操が死去** (70)
301	アルメニアが世界初のキリスト教国家に
375	ゲルマン民族の大移動始まる
391	ローマ帝国でキリスト教が国教とされる
395	ローマ帝国が東西に分裂
410	ローマ人によるブリタニア支配が終わる
451	カタラウヌムの戦いでフン族が敗れる
453	**フン族の王アッティラが急死** (107)
527	東ローマ帝国でユスティニアヌス1世が即位
529	ユスティニアヌス1世がアテネのアカデメイアを閉鎖
531	ササン朝でホスロー1世が即位
537	コンスタンティノポリスの聖ソフィア聖堂が再建
553	ユスティニアヌス1世がコンスタンティノポリス公会議を主催
604	**隋の文帝が急死。煬帝が即位** (281)
613	隋で楊玄感の乱が起こる
617	李淵が太原で挙兵

年	主なできごと
618	隋が滅亡
626	**唐で玄武門の変。高祖が退位して太宗が即位（288）**
645	玄奘がインドから帰国
690	則天武后が即位して、国号を「周」に改める（～705）
755	唐で安史の乱が起こる（～763）
762	アッバース朝が新都バグダードの建設を開始
830頃	アッバース朝がバグダードに「知恵の館」を開設
862	ノルマン人のリューリクがノヴゴロド公国を建国
882	オレーグ賢公がキエフ公国を建国
911	ノルマンディー公国の成立
960	中国に宋王朝が成立
976	宋の太祖が死去
987	フランスでカペー王朝が始まる
989	**キエフ大公ウラジーミルが東方正教会を国教とする（262）**
1066	イングランドにノルマン王朝が成立

年	主なできごと
1077	中央アジアにホラズムシャー朝が成立
1099	第一回十字軍がエルサレムの占領
1154	イングランドでプランタジネット朝が成立
1126	女真族の金により宋王朝（北宋）が滅亡
1130	ノルマン人がシチリア王国を建国
1187	サラーフッディーンがエルサレムを奪還
1198	ドイツ騎士団（騎士修道会）が成立。
	東方植民が活発化
1204	第四回十字軍がコンスタンティノポリスを占領
1206	モンゴル高原を統一したテムジンがチンギス・ハンと称する
1209	教皇が南仏の異端に対して十字軍を発動
1212	フランスとドイツから少年十字軍が聖地を目指す
1218	**オトラル事件（255）**
1219	チンギス・ハンが征西を開始
1227	チンギス・ハンが死去
1258	アッバース朝がモンゴル軍により滅亡
1284	**ドイツ北部の都市ハーメルンで集団失踪事件が発生（77）**

年	主なできごと
1291	十字軍最後の拠点が陥落
1314	ヨーロッパ全土が未曽有の大飢饉に見舞われる
1328	フランスでカペー王朝が断絶。ヴァロワ朝が始まる
1337	**百年戦争の始まり**（116）
1348	ヨーロッパ全土でペスト（黒死病）が大流行
1351	中国で紅巾の乱が起こる
1358	フランスでジャックリーの乱起こる
1368	朱元璋が明王朝を樹立
1375	キリキア・アルメニアの滅亡
1381	イングランドでワット・タイラーの乱
1389	オスマン軍がコソボの戦いでバルカン諸国連合軍を破る
1392	明の洪武帝の嫡男朱標が病死
	朝鮮王朝の成立
1398	明の洪武帝が死去
1399	明で靖難の役が起こる
1402	**南京が陥落。永楽帝が即位**（333）
1405	鄭和艦隊の遠征始まる
1431	**ジャンヌ・ダルクが異端として処刑**（12）

年	主なできごと
1453	百年戦争の終結
	コンスタンティノポリスが陥落してビザンツ帝国が滅亡（175）
1456	ジャンヌ・ダルクの名誉回復
1480	ロシアが「タタールの軛」から解放
1483	**イングランドでリチャード3世が即位**（322）
1485	リチャード3世が戦死
1486	**魔女裁判の手引書『魔女の槌』が出版**（169）
1492	スペインからユダヤ人が追放される
	コロンブスが西インド諸島に上陸（58）
1517	ドイツで宗教改革の火蓋が切られる
1519	**レオナルド・ダ・ヴィンチが死去**（36）
1521	スペイン人コルテスにより中米のアステカが滅亡
1529	オスマン軍がウィーンを包囲
1533	スペイン人ピサロによりアンデスのインカが滅亡
1534	イングランドがカトリックから離脱
1555	アマスィヤの和約。オスマン帝国が南カフカスからイラク一帯を獲得

年	主なできごと
1555	ドイツでアウグスブルクの宗教和議が成立
1589	ロシア正教会の確立
1642	オランダ人のタスマンが西洋人として初めてニュージーランドに上陸
1644	イングランドでピューリタン革命が始まる
1644	明王朝が李自成の反乱軍により滅亡
1648	ドイツでウェストファリア条約が締結
1669	清の康熙帝が親政を開始
1683	オスマン帝国による第二次ウィーン包囲
1679	蒲松齢の『聊斎志異』が上梓
1688	イングランドで名誉革命
1697	ロシアのピョートル1世が西欧に大使節団を派遣
1701	**海賊キャプテン・キッドが処刑**（41）
1722	清の雍正帝が即位
1735	**清の雍正帝が死去**（328）
1756	ロシアのエカテリーナ宮殿が完成
1770	ジェイムズ・クックがオーストラリアに上陸
	ロシアで「琥珀の間」が完成（274）
1774	キュチュク・カイナルジャ条約。オスマン帝国がクリミア半島を喪失

年	主なできごと
1775	アメリカ独立戦争始まる（〜1783）
1788	オーストラリアへの白人の入植始まる
1789	**フランス革命の勃発**（149）
1804	ナポレオン戴冠
1806	神聖ローマ帝国が終焉
1808	マドリッドで起きた反ナポレオン蜂起が全土に拡大
1810	ナポレオンがオーストリア皇女と結婚
1812	ブカレスト条約。オスマン帝国が南カフカスを喪失
	ナポレオンのモスクワ遠征が大失敗に終わる
1815	ワーテルローの戦いでナポレオンが敗れる
1821	**ナポレオンがセント・ヘレナ島で病死**（83）
1830	フランスで七月革命。七月王政の始まり（〜1848）
1840	**ニュージーランドがイギリスの直轄植民地に**（249）
1848	ヨーロッパ全土で革命の嵐が吹き荒れる
1852	フランスでナポレオン3世が即位

年	主なできごと
1853	クリミア戦争（〜1856）
1861	イタリア王国の成立
1867	メキシコ皇帝マクシミリアンが処刑
1870	イタリア王国がローマを併合
1871	ドイツ統一の達成
	シュリーマンが伝説の都市トロイを発掘
1878	オスマン帝国がボスニア・ヘルツェゴビナの統治権をオーストリアに譲渡
1881	ロシアでユダヤ人に対する大規模なポグロム（集団殺戮）が起きる
1882	フランスでフェリー法が成立。初等教育の現場から教会を排除
1889	オーストリア＝ハンガリーの皇太子ルードルフが愛人と心中
1891	大津事件
1894	孫文が興中会を結成
1897	第一回シオニスト会議の開催
1898	オーストリア＝ハンガリーの皇妃エリーザベトが暗殺
	フランスの文豪ゾラがドレフュス事件に関して軍部を告発

年	主なできごと
1901	オーストラリア連邦政府が成立
1903	ロシア社会民主労働党が成立
1904	日露戦争（〜1905）
1905	ロシアで血の日曜日事件が起こる
	中国同盟会の成立
1908	トルコで革命が起こり、立憲制が成立
	オーストリアがボスニア・ヘルツェゴヴィナを併合
1910	**ココ・シャネルがパリに帽子店を開業（64）**
1911	**中国で辛亥革命が勃発（130）**
1912	清王朝の終焉。中華民国が成立
	大型客船タイタニック号が処女航海で沈没（24）
1913	ロンドンで第一回国際海上人命安全会議が開催
1914	**サラエボ事件。第一次世界大戦の勃発（122）**
1915	**オスマン帝国内でアルメニア人の移送を開始（268）**
1916	ロシアでラスプーチン暗殺
1917	**ロシア革命。ロマノフ王朝が終焉（306）**
1918	**ドイツとロシアがブレスト・リトフスク条**

年	主なできごと
	約を締結（137） 第一次世界大戦が終結
1920	オスマン帝国が連合国とセーブル条約を締結 ジャンヌ・ダルクが聖人の列に加えられる
1921	ハラッパー遺跡の発見
1922	ムッソリーニが「ローマ進軍」で政権を獲得 **ツタンカーメンの墓の発見**（227） モヘンジョダロ遺跡の発見
1923	ムスタファ・ケマルが連合国とローザンヌ条約を締結
1927	ムッソリーニがマフィア撲滅作戦で勝利宣言
1928	**殷墟の発掘が本格化**（312）
1929	ニューヨークで株価が大暴落。世界恐慌の始まり ムッソリーニが教皇庁とラテラノ協定を締結。バチカン市国の成立 ＳＯＬＡＳ（海上における人命の安全のための国際条約）が締結

年	主なできごと
1933	ドイツでヒトラー政権が成立
1936	スペイン内乱（〜1939）
1937	盧溝橋事件。日中が全面戦争に突入 日独伊三国防共協定が成立 **女性飛行士イアハートが太平洋上で消息を絶つ**（51）
1938	ドイツがオーストリアを併合 水晶の夜事件発生。ナチス・ドイツによるユダヤ人迫害が本格化
1939	第二次世界大戦が勃発
1940	**フランスにヴィシー政権が成立**（244） ドイツ軍がオランダに侵攻
1941	独ソ戦の開始 日本軍が真珠湾を奇襲攻撃。太平洋戦争の始まり
1943	**連合国軍がシチリア上陸**（144）
1944	連合国軍がノルマンディー上陸作戦を決行。パリ解放 **潜伏中のアンネ・フランクが捕らえられる**（29）
1945	第二次世界大戦の終結

年	主なできごと
1949	中華人民共和国の成立
1950	朝鮮戦争が勃発（〜1953）
1956	ソ連でスターリン批判が起こる
1959	キューバ革命
1961	ベルリンの壁が築かれる
1962	キューバ危機
1963	米ソが部分的核実験停止条約に調印 **アメリカのケネディ大統領が暗殺（18）**
1966	**中国で文化大革命始まる。老舎が変死（100）**
1967	**シルク王ジム・トンプソンが失踪（301）**
1978	老舎の名誉回復がなされる
1974	**中国で兵馬俑が発見（187）**
1979	ケネディ暗殺に関する再調査資料（ケネディ・ファイル）の封印 イラン革命。王政が倒され、イスラム共和国が成立
1985	ソ連のゴルバチョフ書記長がペレストロイカに着手
1989	ベルリンの壁が崩壊
1990	統一ドイツの誕生

年	主なできごと
1991	**アルプスで「アイスマン」が発見される（296）** ソ連の崩壊
2000	ニコライ2世が聖人の列に加えられる
2003	サンクトペテルブルクで建都300年祭が挙行
2009	曹操の墓発見を人民日報が報じる
2012	リチャード3世の遺骨が発見される
2015	グリーハルが、ダ・ヴィンチ作《美しき姫君》を描いたという キャプテン・キッドの財宝と目された「銀の延べ棒」がマダガスカル沖で発見
2016	ジャンヌ・ダルクのものとされる銀の指輪が公開
2017	機密文書「ケネディ・ファイル」が三回に分けて公開 元FBI捜査官が「アンネ・フランク密告」を再捜査することを宣言 英国科学雑誌「ネイチャー・コミュニケーションズ」がエジプト滅亡の新説を発表 タイタニック号事件の新説をインディペンデント紙が発表

■主な参考文献

『新版世界各国史』全28巻、『世界歴史大系　イギリス史』全3巻、『世界歴史大系　アメリカ史』全2巻、『世界歴史大系　ロシア史』全3巻、『世界歴史大系　ドイツ史』全3巻、『世界歴史大系　フランス史』全3巻、『世界歴史大系　中国史』全5巻（以上、山川出版社）、『世界の歴史』全30巻、『英国王室史話　上下』（森護／中公文庫）、『ハーメルンの笛吹き男　伝説とその世界』（阿部謹也／ちくま文庫）、『世界の歴史』全24巻（河出文庫）、『知れば知るほど面白いツタンカーメンと古代エジプト王朝』（近藤二郎監修／じっぴコンパクト新書）、『秦始皇帝陵の謎』（岳南著、朱建栄監訳）、『ヴァロワ朝　フランス王朝史1』（佐藤賢一）、『コロンブスは何を「発見」したのか』（笈川博一）、『ハプスブルク家』（江村洋）、『ハプスブルク家の女たち』（江村洋／以上、講談社現代新書）、『古代ポンペイの日常生活』（木村凌二）、『生き残った帝国ビザンティン』（井上浩一）、『シチア・マフィアの世界』（藤澤房俊／講談社学術文庫）、『アッティラ大王とフン族〈神の鞭〉と呼ばれた男』（カタリン・エッシェー&ヤロスラフ・レベディンスキー著、新保良明訳）、『ナチ占領下のフランス　沈黙・抵抗・協力』（渡辺和行）、『「イタリア」誕生の物語』（藤澤房俊／以上、講談社選書メチエ）、『モンゴル帝国の興亡』（デイヴィド・モーガン著、杉山正明・大島淳子訳／角川選書）、『英仏百年戦争』（佐藤賢一／集英社新書）、『レオナルド・ダ・ヴィンチ』（田中英道／

講談社学術文庫)、『ペン・ブックス　ダ・ヴィンチ全作品・全解剖』(池上英洋監修、ペン編集部編/阪急コミュニケーションズ)、『フリーメイソン　秘密結社の社会学』(橋爪大三郎/小学館新書)、『トルコ近現代史　イスラム国家から国民国家へ』(新井政美/みすず書房)、『イタリア・マフィア』(シルヴィオ・ピエルサンティ著、朝田今日子訳)、『フランス現代史　隠された記憶』(宮川裕章著/以上、ちくま新書)

青春文庫

失《うしな》われた世界史《せかいし》
封印《ふういん》された53の謎《なぞ》

2018年 5月20日 第1刷

編　者　歴史《れきし》の謎研究会《なぞけんきゅうかい》

発行者　小澤源太郎

責任編集　株式会社プライム涌光

発行所　株式会社青春出版社

〒162-0056　東京都新宿区若松町 12-1
電話 03-3203-2850（編集部）
03-3207-1916（営業部）
振替番号　00190-7-98602

印刷／中央精版印刷
製本／フォーネット社

ISBN 978-4-413-09697-3

万一、落丁、乱丁がありました節は、お取りかえします。

自分の中に毒を持て〈新装版〉

あなたは“常識人間”を捨てられるか

いつも興奮と
喜びに満ちた自分になる。
口絵が付き、文字も大きくなりました。

岡本太郎

(SE-684)

史記と三国志

天下をめぐる覇権の興亡が一気に読める！

その時、本当は何が起きていたのか。
始皇帝、項羽、劉邦、諸葛孔明…
運命をかけたドラマ、その全真相。

おもしろ中国史学会［編］

(SE-685)

あなたに奇跡を起こす 笑顔の魔法

毎日の人間関係、仕事、恋愛、家族……
気がつくと、嬉しい変化が始まっています。
全国から喜びの声が寄せられる“魔法の習慣”

のさかれいこ

(SE-686)

「折れない心」をつくる たった1つの習慣

負のスパイラルから抜け出せる考え方とは。
67万部のベストセラーに大幅加筆した
待望の文庫版！

植西 聰

(SE-687)

ほんとうのあなたに出逢う　青春文庫

この一冊で面白いほど人が集まるSNS文章術

前田めぐる

思わず読みたくなる文章の書き方から、ネタ探し・目のつけドコロ、楽しく続けるためのSNS疲れ対策までまるごと伝授！

(SE-692)

謎が謎を呼ぶ！名画の深掘り

美術の秘密鑑定会［編］

《恋文》フェルメール、《睡蓮》モネ、《南天雄鶏図》伊藤若冲…。画家と作品に隠されたストーリーを巡る旅！

(SE-693)

新しい経済の仕組み「お金」っていま何が起きてる？

マネー・リサーチ・クラブ［編］

知らないところではじまっている〝お金革命〟。知らないとソンするポイントが5分でわかります！

(SE-694)

誰もが知りたくなる！パワースポットの幸運ガイド

世界の不思議を楽しむ会［編］

運を呼び込む！　力がもらえる！神社、お寺、山、島、遺跡……〝聖なる場所〟の歩き方。

(SE-695)